La riqueza que el dinero no puede comprar

ROBIN SHARMA

La riqueza que el dinero no puede comprar

Los 8 hábitos ocultos para una vida plena

Traducción de
Noemí Sobregués

Grijalbo

Penguin
Random House
Grupo Editorial

Título original: *The Wealth Money Can't Buy*

Primera edición: abril de 2024

© 2024, Robin Sharma
Todos los derechos reservados, incluido el derecho de reproducción total o parcial en cualquier formato
Publicado por acuerdo con Harper Collins Publishers Ltd, Canadá
© 2024, Penguin Random House Grupo Editorial, S. A. U.
Travessera de Gràcia, 47-49. 08021 Barcelona
© 2024, Penguin Random House Grupo Editorial USA, LLC
8950 SW 74th Court, Suite 2010
Miami, FL 33156
© 2024, Noemí Sobregués Arias, por la traducción

Impreso en Colombia - *Printed in Colombia*

ISBN: 979-88-909806-7-0

24 25 26 27 28   10 9 8 7 6 5 4 3 2 1

Las necesidades del alma no pueden comprarse con dinero.

HENRY DAVID THOREAU,
filósofo

¿Las posesiones te hacen rico? Yo no tengo ese tipo de riqueza. Mi riqueza es la vida.

BOB MARLEY,
legendario músico de reggae

Las cosas más importantes de la vida no son cosas. Todo lo que quiero está aquí, frente a mí. Tengo viento, tengo lluvia, tengo nieve y tengo sol. Y qué más da si no tengo una casa grande y un coche grande. Conozco a muchas personas con estas cosas y siguen sin ser felices.

DAG AABYE,
ermitaño que vive en la montaña

Índice

LA PRIMERA FORMA DE RIQUEZA
Crecimiento: El hábito diario de la superación personal

LA SEGUNDA FORMA DE RIQUEZA
Bienestar: El hábito de optimizar tu salud constantemente

LA TERCERA FORMA DE RIQUEZA
Familia: El hábito de que una familia feliz
es una vida feliz

LA CUARTA FORMA DE RIQUEZA
Trabajo: El hábito del trabajo como plataforma para tus propósitos

LA QUINTA FORMA DE RIQUEZA
Dinero: El hábito de la prosperidad como combustible para la libertad

LA SEXTA FORMA DE RIQUEZA
Comunidad: El hábito de convertirte en tu red social

LA SÉPTIMA FORMA DE RIQUEZA
Aventura: El hábito de que la alegría procede
de explorar, no de poseer

LA OCTAVA FORMA DE RIQUEZA
Servicio: El hábito de que la vida es corta, así que sé muy servicial

Mensaje personal de Robin Sharma

Te escribo esta nota desde la casa de campo en la que vivo. A través de la ventana de la habitación donde trabajo veo un olivar, viñedos y una inmensa niebla que flota por encima de las colinas, que parecen alcanzar el cielo. Me gustaría que estuvieras aquí conmigo para contarte en persona todo lo que deseo compartir sobre cómo enriquecer tu vida. Quizá podamos hacerlo en el futuro. Ya veremos.

Mi sincero deseo mientras avanzas en este libro, que he escrito para ayudarte a vivir la versión más elevada de la mejor visión que tengas de tu vida, es irme ganando tu confianza a medida que pases las páginas. Y convertirme en tu compañero, amigo y mentor.

Te agradezco humilde y sinceramente que creas en el valor de las ideas que estás a punto de descubrir sobre cómo llevar una existencia llena de éxito verdadero y riqueza real, no la versión falsa que han programado en demasiadas buenas personas. Espero que este libro en el que tanto he trabajado te sirva para llenar tu vida de mucha más belleza y felicidad, valor y relaciones, además de con una paz interior sin límites.

Ten en cuenta que mi filosofía sobre lo que constituye una vida humana plena, en la que se basa esta obra, es muy diferente de la de otros libros sobre desarrollo personal. Solo te pido que tengas la mente abierta mientras avanzamos por sus páginas y valores si la información es valiosa en función de los resultados reales que te ofrezca día tras día.

Muy bien. Empecemos.

Muchos conocen el cuento de un chico que pasa las tardes en el campo observando cómo se pone el sol tras una casa perfecta, con ventanas que parecen de oro, situada en una colina lejana. Lo obsesiona la idea de, algún día, en el futuro, ir a ver ese lugar y, con suerte, vivir allí. Eso le proporcionaría la felicidad que tanto anhela.

Un día, cuando es un poco más mayor, se decide a hacer realidad su sueño. Viaja durante muchos días e incluso largas noches, y sobrevive únicamente gracias a la amabilidad de desconocidos que lo animan a seguir caminando cuando se enteran de su deseo de ver la casa perfecta con ventanas de oro puro. Al final, agotado, el chico llega a su destino.

Pero, por supuesto, no es en absoluto lo que él veía. Lo que encuentra no es una casa perfecta, sino un granero en ruinas. Y las ventanas no son de oro puro, sino de madera vieja, sucia y agrietada. Se da cuenta de que, desde lejos, la elevada posición del granero en la colina había creado una ilusión óptica: los rayos del sol sobre las ventanas hacían que parecieran de metal precioso. Pero lo que había visto desde la distancia era mentira.

¡Ay, en qué mundo vivimos! Nos enseñan a calcular si hemos triunfado por la cantidad de dinero que tenemos, el tamaño de los bienes que poseemos y si hemos dedicado nuestros mejores días a perseguir fama, fortuna e influencia. Esto hace que muchos de nosotros, en lo más profundo del alma, nos sintamos mal con nuestra vida, tristes con nosotros mismos y enfadados porque los sueños en los que alguna vez tuvimos tanta fe han quedado destruidos y han muerto en silencio a medida que los hemos ido sustituyendo por responsabilidades adultas, el estrés de la vida y los afanes humanos.

El dinero es importante, por supuesto. Tener una cantidad razonable nos permite llevar una vida más fácil, vivirla a nuestra manera y hacer cosas buenas por las personas a las que queremos. Tener suficiente dinero abre más ventanas de posibilidades y puertas a elegir. Pero el dinero es solo una forma de riqueza. En realidad existen otras siete formas en las que me gustaría que te centraras para que puedas alcanzar una vida que sientas que es de verdad rica, profundamente viva y todo lo que alguna vez esperaste que fuera. Te iré hablando de ellas, así como de un poderoso método, con todo mi entusiasmo, a medida que avancemos juntos.

A veces dedicamos tanto tiempo a mirar lo que otros poseen que olvidamos las cosas buenas que tenemos nosotros. Y no me refiero solo a cosas materiales. Me refiero más bien a los elementos fundamentales de una vida humana bellamente vivida. Esos que con tanta facilidad pasamos por alto en este mundo acelerado, demasiado complejo y siempre desordenado en el que nos encontramos tú y yo. Cosas que ahora pueden parecer sin importancia, pero que, cuando estás en la última hora de tu último día, ves con total claridad que son las más importantes.

Una de las razones por las que he escrito *La riqueza que el dinero no puede comprar* es porque muchas personas sufren en todo el planeta. Sufren pensando y sintiendo que no tienen suficiente. Suficiente dinero. Suficientes bienes materiales. Suficientes *likes*, seguidores y estatus social. Esto provoca a su vez lo que en mi trabajo como mentor llamo «el sufrimiento por no sentirse digno». Somos demasiados los que tenemos la profunda sensación de que no importamos, de que no hemos alcanzado el éxito y de que nuestra vida es demasiado pequeña en comparación con las vidas que nos dicen que son perfectas y sensacionales.

La verdad es que eres absoluta, única e innegablemente suficiente. Tienes muchos dones, talentos y bondad. Y mucho que agradecer ahora mismo. Pero muchos sentimos una especie de agujero dentro de nosotros. Y ahí está la trampa: nos esforzamos obstinadamente por buscar cosas y más cosas externas con las que llenar ese agujero. Nos decimos que algún día, cuando tengamos mucho dinero, coches impresionantes, ropa a la moda y seguidores en internet, nos despertaremos y por arte de magia nos sentiremos bien. Y seremos felices para siempre.

Pero tú y yo sabemos que ese día nunca llegará, porque nada del mundo exterior conseguirá nunca que te sientas mejor por dentro. Como confirma el proverbio zen: «Eres quien eres vayas a donde vayas».

¿Y cuál es la solución? Muy sencillo: entender que lo que persigues en esa búsqueda colectiva de escalar la montaña del éxito (que la sociedad nos ha entrenado para que escalemos) no te llevará al éxito real, porque llegar a la cima de la montaña del dinero sintiéndote vacío, solo e infeliz no es ganar. Es perder. No seas como el chico del cuento que te he contado, que persigue un ideal y al final descubre que era mentira.

«El éxito tiene lugar en la privacidad del alma», escribió el famoso productor musical Rick Rubin. El éxito mundano sin alegría es el oro de los tontos. Mi humilde deseo es que experimentes ambos. El libro que tienes en las manos es mi amable ofrenda, que te llevará a experimentar las verdaderas victorias, la enorme alegría y la magia (sí, magia) que hacen grande la vida humana. He volcado mi mente, mi corazón, mi cuerpo y mi espíritu en esta obra. Espero que te sirva maravillosamente en tu ascenso.

Con amor y respeto,

Introducción

La otra tarde, Elle se sentó en el sofá a mi lado, en la sala de estar de nuestra casa en la campiña italiana. Nos mudamos aquí hace unos años, con las posesiones más importantes de mi vida metidas en tres maletas. Necesitaba una nueva aventura, así que vendí mi casa, regalé muchas cosas y abandoné el país en el que había vivido durante cincuenta y cinco años. Después de aterrizar en Roma, esperamos en la cinta de equipajes, emocionados ante el inicio de nuestra nueva vida. Esperamos un rato más, y otro. Sí, nuestro equipaje se había perdido. El universo tiene un delirante sentido del humor, ¿verdad?

En fin, la tarde que estaba a punto de describirte, la perrita de Elle, Holly, que ahora se ha convertido en mi perrita porque está conmigo casi todo el tiempo, se sentó en mi regazo ronroneando como un gato (aunque sea una perra). Llamo a Holly «SuperChum» (Superamiga), porque eso es exactamente para mí.

Al otro lado de los antiguos marcos de la ventana, vi el cielo del atardecer, ardiente y cautivador, de tonos rojizos con toques de naranja tostado. Era magia en su forma más simple. Italia tiene estas cosas. Un amigo me dijo hace poco: «Cuando vives aquí, lloras dos veces. La primera cuando llegas, porque no es el lugar más eficiente del mundo. Y después lloras una segunda vez, cuando tienes que marcharte». Sí, tan especial es.

Elle tenía una leve sonrisa en el rostro. Y de vez en cuando algunas lágrimas en los ojos. Estaba leyendo el manuscrito de este libro por primera vez. La escena era muy sencilla. Y profundamente perfecta. Entonces pensé: «Esto es riqueza».

No digo que mi vida sea o haya sido alguna vez ideal. En absoluto. He pasado por dificultades dramáticas y he soportado momentos tremendamente duros. Me han derribado, me han tratado mal, me han traicionado y me han desanimado.

Y, desde luego, no quiero que pienses que soy una especie de gurú que lo sabe todo. Porque no es así.

Pero he descubierto cómo convertir los contratiempos en fortalezas, las heridas en sabiduría y los problemas en prosperidad. He aprendido a golpes muchas lecciones sobre cómo llevar una vida hermosa que compartiré contigo durante el tiempo que pasemos juntos en las siguientes páginas.

Una vez tuve un monitor de esquí que me ayudó a esquiar mejor (porque es lo que hacen los monitores de esquí). Un día, mientras subíamos la montaña en el telesilla, me dijo: «Mira, los monitores de esquí no somos ricos, pero tenemos una vida rica». Y ese hombre, con las mejillas siempre sonrosadas por el sol y el frío, una mujer a la que adoraba, hijos a los que quería y que vivía en una montaña con vistas que me dejaban sin aliento, era la persona más rica que he conocido nunca.

De esto trata *La riqueza que el dinero no puede comprar*, de las riquezas verdaderas que a menudo tenemos ante nosotros, pero pasamos por alto porque nos han programado para no valorarlas. Pienso en esta cita de Dale Carnegie: «Todos soñamos con un mágico jardín de rosas en el horizonte en lugar de disfrutar de las rosas que florecen hoy al otro lado de nuestras ventanas». Así es, ¿verdad?

Permíteme que te haga una pregunta: ¿por qué nuestra cultura adora al multimillonario y no al maestro que encuentra la manera de inspirar a una clase de veinte niños semana tras semana? ¿O al bombero que vela por la seguridad en nuestros hogares y nuestra comunidad con heroica dedicación? ¿O al jardinero que embellece las calles gracias a su incansable labor plantando, regando y cuidando las flores del barrio? Este libro trata de una filosofía y una metodología del éxito y la riqueza completamente nuevas que no nos enseñan y ni siquiera nos animan a considerar, pero que te proporcionarán felicidad constante, libertad personal y paz interior duradera.

Ahora bien, como he comentado, estoy de acuerdo en que el dinero es importante. Todos tenemos facturas que pagar, obligaciones que cumplir y actividades que cuestan dinero. Y contar con ahorros y una sólida situación económica te permite vivir con menos estrés, más libertad y una sensación de soberanía personal (hacer lo que quieres, donde quieres, cuando quieres y con las personas a las que quieres). De modo que sí, el dinero es un elemento fundamental para llevar una vida más rica. Debo ser muy claro a este respecto. Es importante, pero no lo único que importa.

Como verás en el sistema de aprendizaje que estoy a punto de exponerte (que he enseñado durante muchos años a los clientes a los que asesoro con excelentes resultados), la prosperidad económica es solo una de las ocho formas de riqueza. He sido mentor de muchos multimillonarios en mis casi tres décadas de trabajo con grandes empresarios, deportistas famosos, estrellas de cine y líderes de movimientos de todo el mundo. Y puedo decirte sin temor a equivocarme que muchos de ellos lo único que tienen es dinero. Son ricos en dinero, pero pobres en vida.

Debe irte bien en cada una de las ocho formas de riqueza para que puedas considerarte exitoso y una persona que de verdad vive en la abundancia. Y de forma hermosa.

En las páginas siguientes consideraremos con atención cada una de estas ocho formas de riqueza para que te resulte sencillo aplicarlas y divertido entenderlas, y marquen la diferencia en tu vida. En capítulos breves pensados como sesiones personales de mentoría diaria, te ofreceré ideas, sugerencias, instrucciones e historias inspiradoras para que puedas vivir con más plenitud cada una de ellas. Y, mientras lo haces, verás que serás recompensado con una vida más rica.

El modelo de aprendizaje de las ocho formas de riqueza se basa en ocho hábitos ocultos (porque no se suelen considerar) que te insto a que adoptes:

Crecimiento: El hábito diario de la superación personal. Este hábito se basa en la idea de que los seres humanos somos más felices y más verdaderamente ricos cuando somos conscientes de nuestros dones personales y nuestros talentos primordiales. La búsqueda constante de crecimiento personal es uno de tus activos más valiosos.

Bienestar: El hábito de optimizar tu salud constantemente. Este hábito se basa en la profunda comprensión de que alcanzar la máxima vitalidad mental, emocional, física y espiritual y vivir una larga vida llena de energía, bienestar y alegría son fundamentales para que seas rico de verdad.

Familia: El hábito de que una familia feliz es una vida feliz. Este hábito se basa en el conocimiento de que tener todo el dinero y el éxito material del mundo no tiene ningún valor si estás solo. Así que enriquece las relaciones con tus seres queridos. Y llena tu vida de amigos fantásticos que aumenten tu felicidad.

Trabajo: El hábito del trabajo como plataforma para tus propósitos. Este hábito se basa en la práctica constante de ver tu trabajo como una búsqueda noble y una oportunidad no solo para sacar mayor partido de tu talento, sino también para hacer de nuestro mundo un lugar mejor. La maestría es un valor en el que merece la pena invertir.

Dinero: El hábito de la prosperidad como combustible para la libertad. Este hábito se rige por el principio de que la abundancia económica no solo está lejos de ser mala, sino que es necesaria para vivir de manera generosa, fascinante y original.

Comunidad: El hábito de convertirte en tu red social. Este hábito se estructura en torno al hecho científico de que el pensamiento, el sentimiento, el comportamiento y la producción de los seres humanos están profundamente influidos por sus relaciones, conversaciones y mentores. Para llevar una gran vida, llena tu círculo de grandes personas.

Aventura: El hábito de que la alegría procede de explorar, no de poseer. Este hábito se formula en torno a la realidad de que lo que crea gran alegría no son los bienes materiales, sino los momentos mágicos que pasamos haciendo cosas que nos llenan de gratitud, fascinación y asombro. Enriquece tus días con ellos y tu vida se elevará a un nuevo universo de inspiración.

Servicio: El hábito de que la vida es corta, así que sé muy servicial. Este hábito se basa en el convencimiento de que el objetivo principal de una vida rica es mejorar la vida de los demás. A medida que te pierdas en una causa que es más grande que tú, no solo encontrarás tu mejor yo, sino que iluminarás el mundo. Y descubrirás tesoros que van mucho más allá de los límites del dinero, las posesiones y el estatus social.

Muy bien. Gracias de nuevo por tu fe en mi trabajo y por acompañarme. Ahora empecemos. Y llenemos tus días con la riqueza que el dinero no puede comprar.

Crecimiento

El hábito diario de la superación personal

La riqueza que hay dentro de ti,
tu esencia, es tu reino.

RUMI

La primera forma de riqueza

Crecimiento / Breve resumen

Llegar a ser todo lo que puedas ser es un premio mucho más valioso que cualquier cosa que el dinero pueda comprar. El dominio personal es un valor que te hará rico de verdad. Y tu inversión más inteligente es convertirte en todo lo que puedes ser.

Analizar los miedos a los que no te has enfrentado, liberarte de las limitaciones que te sabotean, aventurarte en ámbitos desconocidos de tu potencial innato y saber lo sabio, fuerte, talentoso, resiliente y cariñoso que eres aportará más magia a tu vida que toda la fama, la fortuna y el éxito mundano que una persona pudiera tener.

El crecimiento interior y el desarrollo personal diario son formas muy reales de riqueza, aunque nuestra sociedad no suele valorarlas. En nuestra época, el que aparece en las portadas es el gran financiero multimillonario, y a quien se coloca en un pedestal es a la famosa superestrella del deporte, no a la persona cuya prioridad ha sido alcanzar una mente pura y un gran corazón, forjarse un carácter fuerte y desarrollar un espíritu elevado. Para mí, ganar en mi interior es mucho más importante que ganar en el mundo. Lo primero es duradero. Lo segundo es efímero.

Pero que nuestra cultura no coloque la superación personal y la materialización de tus facultades naturales y tu talento primordial en la parte superior de la lista de las cosas más importantes para vivir bien no significa que tú no debas hacerlo. De hecho, deberías.

Mahatma Gandhi dijo en cierta ocasión: «Los únicos demonios que hay en el mundo son los que habitan dentro de nosotros. Ahí es donde debemos librar la batalla». Y créeme: en cuanto entiendas el valor de profundizar en tu crecimiento personal, todo cambiará para ti, porque una vida exterior brillante empieza con una vida interior hermosa. Y nunca podrás crear, producir, hacer prosperar o saborear nada superior a ti mismo.

Bien, mi nuevo amigo, analicemos juntos la primera forma de riqueza.

1

Honra tu grandeza

Una idea sencilla que con demasiada frecuencia pasamos por alto. Valorarte. Por todo lo que has pasado y aquello en lo que te has convertido. Por los miedos a los que te has enfrentado y de los que te has liberado. Por los sueños que no solo has soñado, sino que has tenido la valentía de convertir en realidad. Por todas las personas a las que has ayudado y por todo el bien que has hecho. Importas más de lo que crees, así que no midas tu valor por lo que la mayoría te dice que deberías ser, hacer y tener.

El hecho de que estés aquí conmigo no es un accidente. Algo en ti (en una cultura en la que demasiadas personas excelentes caminan sonámbulas en un sueño digital durante sus horas más valiosas) busca algo más elevado. Siento que, aunque a veces la vida es dura, no has perdido la esperanza. Has conservado tu optimismo en un futuro mejor y has confiado en esa llamada que sientes en tu alma y te dice que alcances tus aspiraciones éticas durante el tiempo que te quede por vivir.

Esto, a mis ojos, cada vez más viejos, te convierte en un héroe. Has pasado por mucho. Podrías haberte rendido. Haberte hartado, haberte vuelto escéptico y supercrítico, y haber cerrado tu corazón.

Pero estás aquí. Listo para ascender, apasionado por avanzar y decidido a crecer gracias a la orientación que recibas de mí, como tu mentor. ¿Sabes? Estar dispuesto a dejar ir a la persona que eras ayer para convertirte en alguien aún mejor, más sabio, más sano y más feliz mañana, es un acto de gran valentía.

Ah, e insisto en que el trabajo de desarrollo personal es el mejor que puedes hacer. Muchas personas se ríen o ponen los ojos en blanco (o ambas cosas) cuando oyen el término «superación personal», pero ¿qué es más valiente y sensato que realizar de forma constante y progresiva el entrenamiento profundo para convertir la cotidiana inseguridad humana en una excepcional seguridad en ti mismo, las limitaciones personales en habilidades fuera de lo común, y un modo promedio de avanzar por la vida en un viaje impresionante que honre la promesa con la que naciste? «La inversión más importante que puedes hacer es en ti mismo», dijo el famoso financiero Warren Buffett. Y la mejor estrategia para mejorar el mundo es mejorarte a ti mismo, ¿verdad?

A medida que reelaboras, elevas y ajustas tu universo interior, tu relación con lo que en mi metodología llamo tu «yo heroico» (que es lo contrario de tu «yo egoico», la parte falsa, defectuosa, restringida y asustada de ti que se ha formado por las creencias negativas y las heridas humanas que has sufrido en el pasado) aumentará sin la menor duda. Y cuando tu relación primordial con tu yo más grande aumenta, todas las demás relaciones de tu vida aumentan también.

Crea un conocimiento y una intimidad más fuertes con tu yo heroico (mediante las filosofías y las herramientas por las que te guiaré), y la relación con tu familia, tu vitalidad, tu trabajo, tu prosperidad, tu comunidad, tus aventuras y tu servicio a los demás volarán con él.

Por cierto, ahora deberías saber que soy de origen humilde. No nací en cuna de oro. Nací en África, de padres inmigrantes. Hace dos años llevé a Elle, mi compañera de vida, a ver la casa donde crecí. El actual propietario estaba regando el césped cuando nos acercamos. Le conté que hace más de cincuenta años yo vivía en su casa, así que nos invitó a entrar. Un hombre muy amable y sonriente.

Después de marcharnos, Elle me dijo: «Es la casa más pequeña que he visto en mi vida». Yo también.

Y crecí con un montón de defectos, como todos los seres humanos. Lleno de carencias, timidez, inseguridad y modos de actuar que encadenaban mis talentos, frenaban mi optimismo y asfixiaban mi libertad.

Pero una cosa me salvó (y me transformó): un amor ilimitado (y a veces obsesivo) por crecer. Si no sabía cómo mejorar algo, podía aprender a hacerlo. Todo lo que deseaba llegar a ser y todo lo que soñaba experimentar podía hacerse realidad enriqueciendo mis conocimientos. Tú también puedes hacerlo, por supuesto. Y por eso estoy tan emocionado por ti.

Mientras escribo estas palabras, recuerdo lo que dijo la filósofa y escritora Ayn Rand:

> No dejes que tu fuego se apague chispa a chispa en los desesperanzados pantanos de lo que no es del todo, de lo que aún no es y de lo que no es en absoluto. No dejes que el héroe que tienes en el alma muera solo y frustrado por la vida que merecías, pero que no has podido alcanzar. El mundo que deseas puede conquistarse, existe, es real y es tuyo.

Estos son mis mejores deseos para ti.

2

La ley de que el cambio exterior sigue al cambio interior

Mientras te escribo este mensaje, espero que estés de muy buen humor, lleno de entusiasmo (¡qué gran palabra!) y buscando con pasión una vida maravillosa de la que te sientas orgulloso cuando seas anciano. Y si ya eres anciano, entonces deseo que ya estés orgulloso de tu vida.

Me he levantado a las tres de la mañana (me fui a dormir poco después de las nueve de la noche) para meditar, visualizar y orar. Después me he subido a la elíptica. Es mi aparato de ejercicio favorito, aparte de mi fiel bicicleta de montaña, que para mí es la mejor. Cuando conocí a Elle (en nuestra segunda cita, para ser exactos), lo primero que le enseñé cuando vino a mi casa fue mi bicicleta de montaña. Después me confesó que le había parecido un poco raro, pero han pasado muchos años y sigue conmigo, así que supongo que el gesto no estuvo tan mal.

En cualquier caso, quiero contarte una historia. Una noche, un padre estaba sentado en su sillón favorito leyendo un periódico. Su hijo pequeño estaba sentado cerca de él.

—Papá, vamos a jugar —le dijo alegremente el niño.

Pero el hombre estaba demasiado ocupado siendo adulto y siguió leyendo su artículo.

—¡Papi, vamos a jugar! Vamos a divertirnos —le repitió el niño.

Pero el padre no le prestó atención y siguió con su lectura.

El niño insistió, pero el hombre no le hizo caso. Al final el padre tuvo una idea. En el periódico había una foto del globo terráqueo, así que la arrancó, la rompió en pedazos, se los entregó a su hijo y le dijo que uniera los trozos creyendo que tardaría mucho en conseguirlo.

Pero los niños llegan más evolucionados que los adultos para enseñarnos las lecciones que debemos aprender. Y tras solo unos minutos el niño volvió con el globo terráqueo perfectamente unido.

—Hijo, ¿cómo lo has hecho? —le preguntó el padre, asombrado.

—Muy fácil, papá. En la otra cara del globo terráqueo había una persona. Y en cuanto he recompuesto la persona, el mundo ha quedado bien.

Poderosa idea, ¿verdad? En cuanto te recompongas, tu mundo quedará bien. Más que bien. En realidad, fantástico si pones en práctica las filosofías, los métodos, las rutinas y las tácticas que me entusiasma compartir contigo (nada funciona para una persona que no esté dispuesta a hacerlo funcionar, ¿verdad?).

Uno de los tatuajes cerebrales que me encanta compartir con mi público cuando doy una conferencia en alguna ciudad de este pequeño planeta es este: «Las víctimas ponen excusas; los líderes consiguen resultados». Ser líder no significa que debas tener un título, una posición, autoridad o un montón de dinero. No, para nada.

El liderazgo es justo lo contrario del victimismo. Y los seres humanos que renuncian a su capacidad de crear resultados maravillosos quejándose, buscando culpables y esperando que otros les mejoren las cosas son personas que han caído en la trampa de hacerse las víctimas.

El otro día estaba en un coche compartido con un conductor joven y muy simpático. Me contó que había llegado como inmigrante con doscientos sesenta dólares en el bolsillo. Era todo el dinero que tenía. Pero centrándose en sus objetivos, trabajando duro y con ganas de crecer, ahorró lo suficiente para comprarse una casa y ahora mantenía a once (sí, ¡once!) miembros de su familia. Podría haberse quejado de su duro pasado, haber echado la culpa a su pésima infancia y haber esperado a que sucediera algo que le mejorara la vida, pero no lo hizo. Empezó con muy poco, fue avanzando día a día, y con el paso del tiempo transformó su situación. Este conductor consiguió resultados en lugar de poner excusas. Y me contó que su auténtico secreto era su profunda dedicación a la superación personal constante, que es en lo que consiste el crecimiento, la primera forma de riqueza.

Por alguna razón, la historia de este hombre me hace pensar en las palabras del poeta guerrero Charles Bukowski: «¿Recuerdas quién eras antes de que el mundo te dijera quién debías ser?».

Deberíamos terminar aquí este capítulo, porque necesito un descanso y mi fiel bicicleta de montaña está esperándome.

3

No colecciones resentimientos

Una persona nos mira mal. Una persona cercana a nosotros nos decepciona. Una persona en la que confiábamos nos miente. Cosas así forman parte de la esencia de la vida. Por mucho que lo intentes, no puedes evitarlas.

Cuando no nos tratan como queremos que nos traten, es muy fácil enfadarse. O retirarse. O guardar un secreto resentimiento.

Y a medida que avanzamos en la vida e interactuamos con otros seres humanos, es fácil seguir añadiendo experiencias a lo que yo llamo «la pila del resentimiento».

Estás cada vez más desanimado y, en lugar de procesar las emociones de dolor, frustración e irritación que te crean estas experiencias para liberarte de ellas, te limitas a tragártelas. Y a regodearte en ellas. Y dejas que los resentimientos se pudran, como una gran herida abierta (que mancha todo momento que vives y empaña tu creatividad, tu productividad, tu prosperidad y tu serenidad).

Eres sabio y brillante, y eliges a mentores fantásticos, así que ya sabes que esta no es la mejor manera de vivir. Las heridas que no se curan se convierten en potenciales no realizados, y además te absorben la energía, una energía que podrías utilizar para conseguir resultados elevados y disfrutar del regalo supremo y la expedición que es tu vida.

Y también recuerda que cuanto más crece tu pila del resentimiento, más influye en tu forma de verlo todo.

Empiezas a ver desprecios que ni siquiera han existido. Empiezas a observar que las personas hacen cosas malas que en realidad no han hecho. Empiezas a creer que este universo a veces difícil pero también asombroso en el que vivimos es un lugar aterrador. Vemos las cosas no como son, sino como somos nosotros, ¿verdad?

Así que mi sincera sugerencia para ti, mientras doy un sorbo a mi té de menta fresca con una rodaja de jengibre y escucho la preciosa canción country «Fall» de Kolby Cooper, mientras un gallo muy escandaloso sigue despertando al mundo, es que te conviertas en un maestro de dejar ir las cosas. Protégete, por supuesto, y no dejes que te traten mal. Es obvio, y de hecho enseñamos a los demás cómo tratarnos. No debes permitir que te pisen, pero también te sugiero que tengas más compasión con los demás. No sabemos qué batalla están librando. Y todos los que nos rodean hacen lo que pueden (incluso si lo que pueden es un desastre).

Y aunque esto no significa que no debamos responsabilizarlos de lo que hacen, sí significa que merecen nuestra comprensión. Imagínate lo brillante que será la vida humana que crearás si optas por la rareza de intentar ver las bendiciones de las personas que pretenden maldecirte. Este es el comportamiento de las almas más grandes de la historia. Y el de una persona rica de verdad.

«En mis años más jóvenes y vulnerables, mi padre me dio un consejo al que no he dejado de dar vueltas. "Cada vez que quieras criticar a una persona, recuerda que no todo el mundo ha tenido las ventajas que has tenido tú"», dice Nick Carraway, el narrador de la estupenda novela de F. Scott Fitzgerald *El gran Gatsby*.

Haz bien esta parte, y tu alegría diaria y tu tranquilidad general aumentarán de forma exponencial. Y con la vida que lleves, propiciarás sutilmente que estalle la paz en todo el planeta.

4

Está bien ser desordenado

«Sé perfecto», «sé superordenado» y «ten abdominales defini-
dos», nos enseña la sociedad. ¡Qué absurdo!

¿Llevar una vida equilibrada no es señal de gran sabiduría?

Hay momentos para ejercitar una fuerza de voluntad excepcional (mientras creamos un proyecto inspirador, perseguimos una meta importante de aptitud física o llevamos a cabo
una aventura espiritual importante, por ejemplo) y mostrar una
autodisciplina heroica. Y también hay periodos para tumbarse,
descansar más, hacer poco y simplemente ser un ser humano.

Y cuando digo en el título de este mensaje que está bien ser
desordenado en determinadas etapas del viaje de tu vida, no
me refiero solo a no hacerte la cama cuando no te apetece y a
tener la agenda vacía para concederte la libertad de aburrirte.
También quiero decir que está bien no ser perfecto en lo que
respecta a tu vida interior. El autodominio y el crecimiento
personal nunca deben ser una rutina. De lo contrario, agotarás
la magia del proceso.

Anoche vi un vídeo en internet de un hombre que decía
que deberíamos tratarnos a nosotros mismos como un bloque
de piedra, golpearnos hasta el límite para esculpir algo hermoso. Su energía era intensa, agresiva y al parecer enfadada.

Entiendo lo que quería decir, por supuesto. No podemos
ceder en todo momento a impulsos débiles y aun así esperar
tener una vida deslumbrante, llena de excelencia y satisfacción.
Entendido. Envíame la camiseta con el lema. Algunos mensajes

de la mentalidad del trabajo duro y el esfuerzo constantes tienen algo de verdad. A las personas que hacen cosas difíciles les suceden cosas felices.

Pero, para mí, una experiencia humana gloriosa debe contener cierto desorden. Algunos momentos de «pereza estratégica». Algunos hermosos días de serio desorden en los que nos permitimos dejar la cama sin hacer, la llamada sin atender y los platos sin fregar. No somos máquinas, somos seres humanos.

Supongo que lo que me gustaría que consideraras es que debes confiar más en el fluir de las cosas. Deja de resistirte a tus ritmos naturales. Acepta las etapas en las que parece que no pasa nada, como el campesino acepta tanto las épocas de barbecho como las de cosecha, porque entiende que sin las primeras no sería posible el crecimiento espectacular de las segundas. Honra los días en los que tienes toda la energía del mundo. Y descansa más los días en que no la tengas.

5

Memoriza el principio PENAM

¿Alguna vez te has preguntado cómo has llegado a ser la persona que eres?

¿Alguna vez has pensado en cómo se desarrollaron las cosas para dar lugar a quien eres hoy? (Por cierto, no hay nadie en el mundo exactamente igual que tú).

Mi respuesta puede condensarse en un acrónimo de cinco letras: PENAM.

Sí, esa es mi respuesta.

Tus creencias fundamentales, tus comportamientos básicos, tus hábitos diarios y tu forma de ser los originaron y crearon las cinco fuerzas que representa el acrónimo PENAM.

La «P» corresponde a tus *padres*. Lo más probable es que tuvieran buenas intenciones, claro, pero lo cierto es que también te transmitieron su programación defectuosa. Hicieron lo que pudieron basándose en lo que sabían y en lo que les enseñaron sus padres. Si tenían problemas de dinero e ideas limitadas sobre la abundancia económica, tú también las adoptaste (porque un niño asume el pensamiento y copia inconscientemente el comportamiento de quienes lo cuidan, que le enseñan cómo funciona el mundo). Si tus padres creían que la vida siempre es trágica, que la mayoría de las personas son malas y que los seres humanos no pueden controlar lo que acontece, tú aceptaste estas creencias y asumiste estos hábitos. Y los has puesto en práctica tantas veces que se han convertido en tus verdades y en tu realidad, aunque fueran erróneos.

La «E» corresponde a tu *entorno*. Tu ecosistema tiene una influencia impresionante en la manera en que te muestras cada día. Permite entradas mediocres en tu órbita personal, como programas de televisión violentos, noticias tóxicas y mensajes de *influencers* narcisistas, y con el tiempo estas fuerzas degradarán tu positividad, tu rendimiento y tu alegría. Además, el entorno en el que creciste durante los años de formación que dieron forma a tu identidad ha tenido un enorme impacto en la persona que eres ahora en el mundo.

La «N» corresponde a *nación*. Si creciste en una zona de guerra o en un país que sufre inestabilidad social, esto afectará mucho a tu forma de ver las cosas. Si eres de una nación próspera, estable y segura, esto también crea una lente a través de la cual procesas lo que es posible para ti. Y en quién puedes convertirte en el futuro.

La «A» corresponde a tus *asociaciones*. Con quién pases el tiempo tiene un efecto enorme en tu forma de pensar, sentir y actuar. Tu círculo de amistades, por ejemplo, es un fuerte indicador de tus ingresos, tu estilo de vida y la huella que dejes. Establece relaciones con reinas del drama y reyes del caos, y con el tiempo estas influencias te afectarán profundamente.

La «M» corresponde a los *medios*. Cada día, vivas donde vivas, recibes un torrente constante de hipnosis y seducción de muchos medios. En él podríamos incluir anuncios pensados para inducirte a comprar productos, sugerencias sobre qué valores son importantes y consejos sutiles sobre cómo deberías vivir para encajar en el molde. Todo esto, con el tiempo, infecta tu identidad e influye en tu manera de interactuar con las oportunidades.

PENAM. Estas letras explican cómo te has convertido en quien eres. Piensa en ellas. Coméntalas con un amigo. Y medita sobre ellas en soledad. Porque a medida que eres más consciente de las cinco fuerzas que te han dado forma, aumenta tu autodominio. Y se incrementa tu capacidad de tomar mejores decisiones, que, sin duda, generarán resultados más espectaculares.

6

La mejor manera de empezar es empezar

Estoy de viaje. Voy a dar una serie de conferencias a líderes y empresarios importantes. Escribo este capítulo en la habitación de mi hotel en Barcelona. Estoy rodeado de los libros que me he traído (entre ellos, *El profeta* de Kahlil Gibran, *The Stories of My Life* de James Patterson, *La hoguera de las vanidades* de Tom Wolfe, *The Great Crashes* de Linda Yueh, *La medusa inmortal* de Nicklas Brendborg, *El arte de aprender* de Josh Waitzkin y *Por qué escribo* de George Orwell; sí, mi maleta es grande), mi diario matutino y una taza de un café excelente. Ayer tuve un día intenso con la prensa promocionando *Manifiesto para los héroes de cada día*, que aquí acaba de publicarse. Mañana estaré en un escenario al servicio de seis mil personas. Aún me asusta. Porque después de tantos años todavía me importa mucho, muchísimo.

Hace un rato, una periodista me ha hecho una pregunta que me plantean a menudo después de escuchar un poco de mi ideología y mi metodología sobre el liderazgo, el rendimiento excepcional y cómo alcanzar una vida rica de la que al final te sientas orgulloso:

—¿Y por dónde empezamos? Yo también quiero escribir un libro —ha añadido la periodista—, y me pregunto por dónde debería empezar.

Mi respuesta ha sido muy sencilla:

—Empieza.

No es tan difícil y no hay razón para complicar las cosas

mientras materializas y optimizas el talento con el que naciste. La manera de empezar es empezar. A menudo, pensar demasiado y complicar el comienzo es un síntoma saboteador de miedo. En realidad, te resistes a avanzar porque tienes miedo: al éxito, al fracaso, a que te ridiculicen o a destacar en tu grupo. ¿Cómo se empieza un libro? Escribe la primera página. Y mañana la segunda. Y pasado mañana la tercera. Y sigues hasta que termines el maldito asunto. Sí, es así de sencillo (lo difícil es comprometerse y cumplirlo).

Es absolutamente necesario que sigas cumpliendo las promesas que te hiciste. No hacerlo destruirá tu autoestima y negará al mundo la magia que has venido a hacer en él. ¡Sí, avanza a toda costa! Deja atrás las dudas, la sensación de que lo que haces es malo y esa brillante atracción hacia las distracciones digitales. Deja atrás el tentador deseo de que sea más fácil (las mejores cosas de la vida siempre llegan haciendo cosas incómodas, ¿no?).

¿Cómo se inicia el proceso de ponerse en forma? Mañana te levantas temprano y haces las primeras flexiones. Pasado mañana más, y después aún más. Hasta que hacer un montón de flexiones te resulte fácil porque te has fortalecido.

Sí, amigo mío. La manera de empezar es empezar. Sin excusas. Sin racionalizar. Sin aplazarlo. Sin quejas. Ejerces tu voluntad humana para dar ese primer paso. Y después el siguiente. Y así sucesivamente hasta que por fin te conviertas en un maestro en las actividades que para ti son importantes.

Y como escribí en *Manifiesto para los héroes de cada día*: «Todo cambio es difícil al principio, desordenado en el medio y hermoso al final».

Así que ¡en marcha! Por favor. Tu vida más rica está esperándote. Y nada sucede hasta que empiezas.

7

Los miedos son cuentos de fantasmas

Dices que no crees en los fantasmas.

¿De verdad? Todos creemos.

Decimos que no podemos ser valientes en situaciones aterradoras, que no estamos lo bastante preparados o entrenados o que no somos lo bastante buenos para aceptar una magnífica oportunidad.

Nos convencemos de que no podemos mantenernos firmes cuando tenemos ganas de rendirnos.

Nos decimos a nosotros mismos que es muy difícil llegar a ser la persona que siempre hemos querido ser.

Justificamos nuestras debilidades, nos obsesionamos con las dificultades y después recurrimos a excusas para encubrir nuestras inseguridades, en lugar de vivir nuestra grandeza.

Nos engañamos pensando que las personas positivas, creativas, exitosas y elocuentes están hechas de otra pasta. Y que poseen dones que nosotros no tenemos.

La mayoría de nuestros miedos son burdas mentiras. Puras ilusiones. Falsedades flagrantes. Cuentos de fantasmas. Ya entiendes lo que quiero decir.

El gurú Osho contó la historia de un hombre que descendía de la cima de una montaña altísima. Había caminado todo el día y empezaba a anochecer. Daba cada paso con cuidado a medida que el cielo se volvía más oscuro y la luz más tenue. De repente perdió el equilibrio y, aterrorizado ante la posibilidad de caer a un abismo de miles de metros, se agarró a una rama.

El hombre se pasó toda la noche colgado de esa rama, con un miedo espantoso, pensando que si la soltaba, se precipitaría hacia la muerte. Toda la noche gritó pidiendo ayuda, pero nadie lo oyó. Pensó en todo lo que aún no había hecho en la vida, en el potencial que no había utilizado, en el crecimiento que no había conseguido experimentar, en los talentos humanos que no llegaría a conocer y en su familia, a la que tanto quería... En todo lo que perdería si se caía.

Al amanecer, la luz del sol mostró una verdad que sorprendió al hombre: a solo quince centímetros por debajo de él había un gran saliente. En la oscuridad no había podido verlo. Se echó a reír, al principio suavemente y después de forma descontrolada. Se dio cuenta de que su miedo solo tenía quince centímetros de profundidad. Debajo de esos quince centímetros el lugar era seguro.

Así que cambia tu relato. Niégate a escuchar las patrañas que te venden los cuentos de fantasmas. No merecen ocupar tu mente ni limitar tu éxito, tu felicidad y tu serenidad. En realidad solo tienen quince centímetros de profundidad.

8

Deja de decir estas dos horribles palabras

Dile a alguien que lea el libro que te cambió la vida y a menudo te responderá con dos palabras que para mí equivalen a una palabrota.

Recomienda a tu mejor amigo que vea el documental que te enseñó a desarrollar la habilidad que mejoró tu destreza y optimizó tu productividad, y es probable que recurra a las mismas palabras.

Sugiérele a una persona que te importe que se cure una herida, solucione un defecto o convierta el problema que la consume en una solución satisfactoria y con demasiada frecuencia utilizará la misma cantinela.

¿Cuáles son esas dos palabras que, juntas, componen una sinfonía de negatividad y frenan seriamente tu compromiso con el crecimiento personal, al menos para mí?

«Lo intentaré».

Ay, ay, ay.

«Lo intentaré» significa que no vas a comprometerte.

«Lo intentaré» significa que en realidad no vas a implicarte.

«Lo intentaré» significa que no vas a hacerte responsable.

«Lo intentaré» significa que en realidad no te interesa tanto.

«Lo intentaré» significa sobre todo que te preocupa hacer los cambios que debes hacer para llevar la vida que te gusta. Y recuerda que no puedes tener el mundo que quieres sin hacer lo que debes, por así decirlo.

«Lo intentaré» roza la evasiva y es una razón que ofrece casi todo el mundo para quitarse de encima la responsabilidad. Esta frase deshonra tus talentos. Y le falta el respeto a tu genio.

«Lo intentaré» es un violento atracador del potencial humano, un ladrón del rendimiento excepcional y un frío asesino de tus mayores sueños.

«Hazlo o no lo hagas, pero no lo intentes», advirtió Yoda, el personaje de *La guerra de las galaxias*.

Creo que tenía razón.

9

Sé el adulto de esta habitación

El otro día mantuve una profunda conversación con una persona que es amiga mía desde hace treinta años.

Me contaba que su padre había muerto hacía poco, y su madre, poco antes que él, lo que llevó a su hermano a decir: «Supongo que ahora somos los adultos de esta habitación».

Mmm. «Los adultos de esta habitación».

No sé tú, pero, aunque tengo casi sesenta años, me siento más o menos igual que cuando era niño, al menos en algunos aspectos. Extraño, ¿verdad?

Por fuera parezco mayor y los demás suponen que sé más. Y he aprendido muchísimo y he vivido muchas experiencias, por supuesto.

Pero sigo intentando descubrir muchas cosas. Todavía me confunde cómo se desarrollan algunos acontecimientos, me pregunto por qué han aparecido en mi camino algunas personas, y me planteo si la vida avanza siguiendo el destino o si el viaje es una serie aleatoria de situaciones sin sentido en sí mismas (cosa que dudo).

El comentario de mi amiga me impactó. «Sé el adulto de esta habitación».

Me recordó que, en última instancia, solo tú mejorarás tu vida. Nadie va a ayudarte ni aparecerá por arte de magia un salvador con armadura brillante para meterte una cuchara de plata en la boca (y colocarte una corona en la cabeza). No está en camino un escuadrón de ayudantes ni una caballería al rescate para convertirte en lo que siempre has querido ser y transformar tu realidad en algo especial, emocionante y satisfactorio. Esto me recuerda a un chico al que conocí en un restaurante de Ciudad del Cabo, en uno de mis muchos viajes a Sudáfrica. Durante años el chico había formado parte de una banda muy peligrosa, y un buen día tomó la decisión de liberarse. El dueño del restaurante quiso ayudarlo, así que le dio trabajo como lavaplatos. El chico aprovechó la oportunidad, ascendió de puesto y poco a poco fue enamorándose de la cocina. Al final llegó a ser uno de los mejores chefs de la ciudad. Ah, y el establecimiento entró en la lista de los cincuenta mejores restaurantes del mundo. Y lo calificaron como el mejor de África.

Charlé con él durante la comida y le pregunté qué lo había impulsado a dejar su antigua vida. Lo pensó un momento y después me contestó: «Vi morir a muchos amigos. No quería morir, así que tuve que cambiar. Me di cuenta de que nadie iba a hacerlo por mí, de modo que tuve que hacerlo yo mismo».

Sí. Debes ser tú quien te ayudes. Y asumas la absoluta responsabilidad de cómo es tu vida (y de hacer las mejoras que la enriquecerán). Porque, en la habitación de la vida, ahora eres el adulto.

10

Recuerda que pequeños pasos
producen grandes beneficios

Durante décadas he compartido con mis clientes y mis audiencias un tatuaje cerebral que me han dicho que les ha resultado muy útil, de modo que siento la necesidad de compartirlo también contigo: Pequeñas mejoras diarias, que parecen insignificantes, si se realizan de forma constante a lo largo del tiempo, conducen a resultados sorprendentes.

Una vida verdaderamente rica sucede más por evolución que por revolución. Son esas pequeñas y constantes victorias las que, cuando se llevan a cabo a diario, evolucionan hasta convertirse en un tsunami. Lo que me lleva a la Gran Pirámide de Guiza.

Hace poco estuve en El Cairo. El organizador del evento tuvo la generosidad de ofrecerme en mi día libre una visita guiada a la que es una de las siete maravillas del mundo antiguo. Mientras entrábamos en el magnífico monumento, que se erige como testimonio de las posibilidades humanas, me contaron que tardaron veinte años en construir la Gran Pirámide. Se necesitaron dos millones y medio de piedras y casi cincuenta mil trabajadores. Durante más de tres mil años, hasta que se construyó la Torre Eiffel, en 1887, esta fascinante edificación fue la más alta construida por manos humanas.

¿La verdadera fórmula para construir esta maravilla? El monumento se alzó colocando un bloque de piedra sobre otro, y otro bloque de piedra sobre el anterior, y así sucesivamente. La atención no se centraba en la pirámide, sino en la acción constante de colocar los bloques. La atención se centraba en el proceso, no en el objetivo. Dedica un momento a reflexionar sobre este punto.

Vivimos en una época en la que muchos de nosotros queremos que nuestros sueños se hagan realidad al instante. Hemos olvidado la importancia de la paciencia, la magia de la constancia y la maravilla de los pequeños triunfos diarios en el proyecto que más nos inspira, ya sea un programa para mejorar la salud o un deseo amoroso, un objetivo económico o un asunto espiritual. Tus días son tu vida en miniatura y, a medida que elaboras cada día, creas tu vida. La constancia es la madre de la maestría, y las pequeñas cosas que haces a diario son mucho más importantes que las grandes que podrías hacer una vez al año.

Supongo que lo que también te sugiero es que midas tu éxito no en función de si has conseguido el resultado final, sino por la profundidad de tu compromiso con el viaje de dar pequeños pasos en la dirección de tus ideales más brillantes (y por lo que dice de ti como persona el hecho de que te quedes en el camino con el que te has comprometido). Para mí, mejorar día a día es ganar. Acabar el proyecto es solo la guinda del pastel, no el verdadero trofeo.

Pienso en las palabras del novelista escocés Robert Louis Stevenson, que dijo: «No juzgues cada día por la cosecha que recoges, sino por las semillas que plantas».

A veces parece que tus pequeñas acciones habituales para mejorar las cosas no producen ningún avance, pero, créeme, lo producen. El crecimiento es a menudo invisible, como las semillas que germinan bajo tierra y que algún día se convertirán en árboles imponentes. Céntrate, aplícate, ten paciencia y sé consciente de que con el paso del tiempo tus pequeños triunfos diarios acabarán convirtiéndose en grandes victorias.

Ah, y cuando los que te rodean que no te entienden (o no les interesa apoyarte) te critiquen o se burlen de ti, recuerda las palabras del célebre escritor Dale Carnegie: «Cualquier tonto puede criticar, condenar y quejarse, y la mayoría de ellos lo hacen».

11

Adora tus heridas

No estás roto, simplemente eres humano. No eres disfuncional, simplemente estás vivo.

Si estás dispuesto a participar en el juego, a ejercer tu valentía innata y a asumir riesgos para vivir tu visión de futuro, sentirás dolor. Cuanto más alta es la montaña, mayor es el peligro. No está mal que alcances los cielos (y quieras caminar con los dioses). No, incluso está muy bien. Significa que eres el héroe de tu vida, que tienes el valor suficiente para arriesgarte y mantener la fe en tu poderosa misión. ¿Cuál es la alternativa? Un muerto viviente.

¡Es maravilloso que todavía creas en ti! Y poco frecuente (en una cultura en la que demasiadas personas buenas han renunciado a las esperanzas de su infancia, han aceptado la mediocridad y por desgracia pasan sus mejores días como ciberzombis pegados a pantallas).

Te han hecho daño, ¿verdad? Y te han quedado cicatrices. Te entiendo. A mí también me ha pasado.

Pero te sugiero con toda humildad que celebres tus cicatrices. Y que adores tus heridas. Porque te han hecho un preciado servicio. Han llenado tu vida de regalos invisibles, ocultos tesoros de sabiduría, comprensión, resiliencia, compasión y una mayor intimidad con lo especial que hay en ti. La vida se despliega para que tengas suerte, no para que fracases. Confía en sus extraños métodos. Y sigue adelante. Se avecinan cosas buenas que aún no puedes imaginar. Tu futuro es (muy) brillante.

12

La persona que más lee, gana

Acumular libros más allá de la esperanza de vida.
Sí. Una confesión no culpable: esta es mi hermosa enfermedad.
Compro más libros de los que podré leer. Y me da la sensación de que tú eres igual.
Verás, leer un libro es mantener una conversación con el autor. Y una conversación adecuada puede orientar tu vida en una dirección completamente nueva. Solo necesitas una nueva idea para revolucionar tu mundo, ¿verdad?
Y si encuentras el libro adecuado en el momento adecuado, el escritor te contagia su polvo de estrellas.
Y la mano que al final deja el libro es una mano diferente.
Cuando era niño, mi padre me decía: «Deja de comprar cosas. No comas tanto. Pero lee más libros».
En cierta ocasión, un líder estatal que asistió a uno de mis eventos de liderazgo en Oriente Medio me dijo:
—Robin, comemos tres veces al día para alimentarnos. Yo leo tres veces al día para llegar a ser sabio.
—¿Cuándo lees? —le pregunté.
—¿Cuándo no leo? —me contestó.
¿Mi casa? Llena de libros.
Sobre creatividad
Sobre longevidad
Sobre productividad
Sobre historia

Sobre psicología
Sobre negocios
Sobre economía
Sobre comunicación
Sobre vitalidad
Sobre formación del carácter
Sobre metafísica.

Las pilas de sabiduría que me rodean me reconfortan. Hacen que me sienta seguro en un mundo a veces cruel pero sobre todo extraordinario. Me hablan de la promesa de días mejores y de la gloria que aguarda a quienes aspiran a ella.

Sigo buscando ese libro que rompa del todo mis limitaciones, resuelva mis conflictos internos y me eleve a nuevas alturas de dominio personal y libertad espiritual. Y aunque, teniendo en cuenta mi edad, es muy probable que no lea todos los libros que he comprado, legaré (bonita palabra, ¿verdad?) mi biblioteca a mis hijos. Será mi herencia.

Leer a diario aumenta tu base de conocimientos y te permite trascender situaciones difíciles, cometer menos errores y predecir el futuro. (En especial si estudias historia; Mark Twain dijo: «La historia no se repite, pero a menudo rima»). En un mundo que quiere que pienses, actúes y seas como la mayoría, leer con voracidad te convierte en una persona que piensa por sí misma. ¿Cuánto valor tiene para ti?

Y todos y cada uno de los días de mi vida sigo la Regla de Lectura 45/15: leo durante (al menos) cuarenta y cinco minutos (aunque a menudo es una hora) y después resumo durante quince minutos en mi cuaderno lo que he aprendido para entender los conceptos con más profundidad y aplicarlos en mi vida. Las ideas sin ejecución se convierten en ilusiones.

Así que, mi querido ratón de biblioteca…

En un mundo consumido por la invasión digital y la diversión trivial y adictiva, reaviva tu gran historia de amor con los libros. (Lo mejor son los textos escritos, pero los audiolibros también funcionan de maravilla). Pasa un buen rato cada día

entre las páginas y las ideas de célebres pensadores que te re-
cordarán lo que es posible. Y renueva tu relación con tu curiosidad oculta.

Porque la persona que más lee, gana.

13

El crecimiento profundo
hará que te sientas raro

Todo cambio es difícil al principio, desordenado en el medio y hermoso al final. Todo cambio es difícil al principio, desordenado en el medio y hermoso al final. Todo cambio es difícil al principio, desordenado en el medio y hermoso al final. Vale, dejaré de repetirlo si me prometes que nunca lo olvidarás.

El cambio personal intenso y la transformación humana absoluta deben ser aterradores, difíciles y confusos al principio. De lo contrario, no sería un cambio real. Y no tendría ningún valor.

¿Sabías que el transbordador espacial utilizaba más combustible en los primeros sesenta segundos tras el despegue del que consumiría durante todo el viaje alrededor de la circunferencia de la Tierra?

Esto se debe a que al principio tenía que vencer la enorme fuerza de gravedad, que quería mantenerlo en el suelo. Por eso se necesitaba un montón de energía y gran cantidad de trabajo para propulsar el vehículo hacia arriba (en esa etapa inicial) hasta alcanzar la «velocidad de escape». Entonces se sobrepasaba la fuerza de la gravedad. La nave espacial era libre para volar.

Cuando se trata de hacer los cambios que debes hacer para llevar la vida que más deseas, eres como ese transbordador espacial.

Debes dedicar un montón de energía y trabajar duro para superar tus anteriores formas de funcionar. Para dejar atrás tus fuerzas gravitatorias (las que han limitado tu grandeza originaria).

Así que al principio es muy difícil. Eso no significa que algo vaya mal. Solo significa que el cambio que estás haciendo merece la pena, y es valioso y rico. Todo lo que ahora te parece fácil antes te parecía difícil, ¿no?

Te aseguro que, a medida que pasen los días, te resultará más sencillo aplicar los nuevos hábitos, habilidades y comportamientos. Las cosas siempre son más fáciles con la práctica. Y el hecho de que no pudieras hacer algo ayer no significa que no puedas hacerlo hoy. Eres un día mejor. Y veinticuatro horas más fuerte.

14

Espera lo mejor de los demás
(y casi siempre lo obtendrás)

Me da un poco de vergüenza contar esta historia, pero debo ser sincero contigo. Así que ahí va.

Hace poco, mientras estaba de viaje, fui a un restaurante rústico al que no voy con frecuencia, aunque me encanta. Está en un pequeña ciudad suiza y prepara un exquisito *geschnetzeltes Kalbfleisch an Rahmsauce mit Cognac verfeinert mit Rösti*, que significa «ternera en salsa de nata con coñac y patatas ralladas». (Solo intento impresionarte con mi nula fluidez en suizo alemán).

Estaba con un buen amigo disfrutando de una deliciosa comida, hablando de películas, de la familia y del futuro. Era precioso. De una belleza sencilla.

Al final, cuando llegó la cuenta, y sabiendo que tenía una reserva en ese mismo restaurante para el día siguiente, le pregunté a la dueña si podrían asignarme una mesa tranquila y apartada en esa misma sala. Quería trabajar en el manuscrito de este libro en un espacio sereno que enriqueciera mi inspiración.

La mujer, en tono educado aunque algo brusco, me contestó que iba a ser imposible porque «mañana estamos completos y será muy difícil darle una mesa en esta sala».

Me pareció un poco raro.

Entendía que el restaurante estuviera completo, claro, pero yo había hecho una reserva (muchas semanas antes) y no comprendía por qué no podía encontrar un solo espacio tranquilo, quizá incluso un rincón, ya que la sala en la que estábamos tenía muchos.

Y reconozco que después de que mi amigo y yo hubiéramos salido del restaurante me sentí mal durante un tiempo, di vueltas a ese rechazo y me inventé historias sobre la frialdad, la leve arrogancia y la mezquindad de la mujer. Lo siento. Pero, como tu mentor a distancia, debo decirte que es lo que hice.

A la mañana siguiente me levanté temprano, hice ejercicio en la elíptica del gimnasio, me tomé mi café, escribí en mi diario y releí partes de este libro. Después me dirigí a ese restaurante especial para disfrutar de otra comida. Esta vez, solo.

Mientras me acercaba al restaurante, vi a un hombre fuera con lo que parecía una falda de cuero, una gruesa chaqueta de piel y un atuendo colorido parecido al de los vikingos. Mmm. Qué curioso. (Sabes que no puedo inventarme este tipo de cosas).

Cuando entré, vi que la sala principal estaba llena de vikingos, o de lo que se hubiera disfrazado esa buena gente. Se reían a carcajadas, aplaudían con pasión, golpeaban el suelo con los pies y gritaban discursos a todo pulmón. Supuse que sería una reunión gremial o una celebración tradicional de la región.

La sala principal no solo estaba abarrotada, sino que todos bebían con entusiasmo grandes cantidades de cerveza de color oscuro.

¡Gracias a Dios que no tenía mesa en esa sala! Habría sido el único no vikingo, y el ruido me habría provocado dolor de cabeza y habría acabado con toda posibilidad de escribir algo bueno mientras intentaba disfrutar en solitario de mi excelente comida.

Y esto no es todo.

La misma mujer que el día anterior me había rechazado me condujo amablemente más allá de los alborotadores vikingos, sus abrigos de piel y su cerveza de color oscuro hasta una pequeña sala muy tranquila y bastante romántica en la que nunca

CRECIMIENTO 61

había estado. Había flores en las mesas y velas cuidadosamente colocadas sobre manteles de lino blanco. Ángeles con capa blanca tocaban el arpa, a cuyo son bailaban unos cachorritos. (Vale, esta última línea no es cierta, pero la sala era de verdad fantástica).

Y aún hay más. La dueña del restaurante me acomodó en un precioso rincón. Sin nadie a mi lado y pocas personas a mi alrededor. Esbozó una enorme sonrisa y me dio una calurosa bienvenida. «Que tenga una comida maravillosa, diablo guapo», me dijo en voz baja. (Vale, lo del «diablo guapo» no es cierto, pero lo demás sí).

Así que mi percepción de que me rechazaba fue una alucinación. La verdad era que intentaba protegerme de los ruidosos vikingos.

¿Nuestra lección? No todo tiene que ver con nosotros. Deja de tomártelo todo de forma personal. La mayoría de las personas son buenas y respetables. Cuanto más esperemos lo mejor de los demás, más estímulo recibirán para mostrárnoslo.

El ilustre escritor alemán Johann Wolfgang von Goethe lo dijo de forma mucho más elocuente de lo que podría hacerlo yo en un millón de años: «Si tratamos a las personas como si fueran lo que deberían ser, las ayudamos a convertirse en lo que son capaces de llegar a ser».

Y si lo haces con regularidad, no solo ayudarás a otras personas a crecer, sino que tú también crecerás. Lo que te convierte en una persona realmente rica. Muy rica, de hecho.

15

Come a solas con frecuencia

¿Cómo te vuelves más valiente? Fácil. Haces con frecuencia cosas que te asustan. La incomodidad de crecer es siempre menor que la pena de arrepentirse. Y en la última hora de tu último día, lo que te pondrá triste no serán las cosas que hiciste, sino las que no hiciste. Los sueños que no perseguiste, los miedos a los que no te enfrentaste, las oportunidades que no aprovechaste, los viajes que no hiciste, los libros que no leíste y el amor que no diste. (Te pido que leas esta última frase dos veces, porque es muy importante).

Una excelente manera de empezar a optimizar tu confianza en ti mismo y tu valentía en general es comer solo. Hoy estoy comiendo solo en un sencillo restaurante italiano, en el pueblo cercano a mi casa, mientras te escribo este mensaje.

Según mi experiencia, la mayoría de las personas prefieren comer en casa si están solas que ir a un restaurante y sentarse en solitario a una mesa en un lugar público, rodeadas de gente que se lo pasa en grande.

O, si salimos solos, sacamos el móvil, miramos las redes sociales y vemos vídeos de personas estrafalarias haciendo extraños movimientos de baile. O de famosos que salen de restaurantes de Hollywood con ropa llamativa (o montando una escena) ante los disparos de los flashes. O de *influencers* que venden el último producto de belleza con una mascarilla en la cara.

Pero no es muy común sentarse solo sin más. Sin dispositivo. Sin vías de escape. En un restaurante lleno de gente. Con otras personas cerca que ríen, beben, comen y se relacionan alegremente.

Arriesgarse a que crean que no eres lo bastante bueno para estar con otro ser humano durante una comida. Atreverse a que te consideren un bicho raro y un excéntrico por tener la audacia de comer solo. Estar dispuesto a que te miren personas que desvían la mirada cuando las descubres mirándote. Bueno, así son los que hacen magia. Y sí, amigo mío, me refiero a ti.

La manera de hacer una cosa crea la manera de hacerlo todo. Ser valiente en un ámbito es práctica para ser valiente en todos los ámbitos. Y ser tu yo más valiente es clave para llevar una vida más rica. Rica de verdad. No falsamente rica. Como escribió Frank Herbert, autor de *Dune*:

No debo tener miedo. El miedo es el asesino de la mente. El miedo es la pequeña muerte que lleva a la aniquilación total. Me enfrentaré a mi miedo. Permitiré que pase sobre mí y a través de mí. Y cuando haya pasado, giraré el ojo interior para ver su camino. En el lugar de donde el miedo se haya ido no habrá nada. Solo quedaré yo.

16

Es conveniente llevar un diario

Casi todas las mañanas de los últimos veinticinco años de mi vida he llevado a cabo un ritual matutino que ha sido muy valioso para mi crecimiento personal y ha aumentado mi creatividad, mi aprendizaje profesional y mi ascensión espiritual: escribir un diario.

En *Manifiesto para los héroes de cada día* conté cómo desaparecieron diez años de mis diarios personales, pero esa es otra historia. Quizá algún día te la cuente si nos conocemos en persona.

En pocas palabras, hay seis razones principales por las que deberías adoptar la rutina de llevar un diario:

1. Llevar un diario fomenta el comportamiento inteligente.

El pensamiento confuso crea resultados confusos. Escribir en un cuaderno sobre tus deseos, tus intenciones y tus compromisos aumenta tu claridad, y la claridad es el ADN de la maestría. Hacerte buenas preguntas, como «¿Qué debe suceder en las próximas horas para que este sea un día bien vivido?» o «¿Qué tres pequeñas victorias conseguiré hoy para hacer las cosas mejor que ayer?», aumenta tu concentración y mejora drásticamente tu fuerza de voluntad para lograr tus objetivos. Al reflexionar sobre lo que deseas crear, lo que haces se vuelve más centrado y exitoso. Llevar un diario fomenta que se cumplan las promesas.

2. Llevar un diario aumenta la habilidad artística y captura las ideas más importantes.

Pocas veces se recordará una idea genial que no se haya anotado. Escribir tus ideas no solo profundiza tus conocimientos, sino que a menudo estimula otros nuevos. Llevar un cuaderno es una disciplina magnífica que te ayudará a encontrar soluciones excelentes a problemas serios en los que estés trabajando y a registrar las lecciones de vida que aprendas.

3. Llevar un diario te anima a anotar tus momentos mágicos para poder vivirlos dos veces.

Tomar nota de una hermosa comida, una magnífica puesta de sol o un paseo junto al mar con una persona querida no solo integra la experiencia en tu mente, en tu cuerpo, en tu corazón y en tu alma, sino que te ofrece la oportunidad de vivirla de nuevo. Imagina el aumento de energía, gratitud, felicidad e impulso cuando revives con frecuencia tus mejores momentos. Y entrenas el cerebro en los momentos en que ganas en lugar de en las frustraciones a las que estés enfrentándote.

La eminente psicóloga positiva Sonja Lyubomirsky ha descubierto en sus investigaciones que las personas más felices no son las que viven en circunstancias más fáciles (según sus estudios, solo el diez por ciento de la felicidad se debe a la realidad externa), sino las más agradecidas. Y aquellas cuyo agradecimiento no es aleatorio y desordenado, sino «gratitud deliberada». Tu diario es un lugar excelente para enumerar con frecuencia y de forma deliberada las cosas buenas de tu vida para que el sesgo de negatividad del cerebro humano se reprograme y se genere una positividad insuperable.

4. Llevar un diario es rezar por escrito.

La oración es una poderosa fuerza multiplicadora en la manifestación de tus ideales. Tu poder superior escucha toda oración, y todo agradecimiento te hace más fuerte, más sabio y más sereno. Así que escribe lo que buscas y anota lo que quieres ver más en tu mundo. Aquello en lo que te centras crece y aquello en lo que piensas se expande.

5. Llevar un diario te ofrece un monasterio para procesar el dolor, la tristeza y otras emociones difíciles.

Durante los fríos inviernos de mi vida, cuando las cosas me parecían muy graves y bastante decepcionantes, verter mi sufrimiento en una página en blanco me resultaba enormemente sanador. La ciencia lo confirma. El dolor reprimido siempre vuelve para acecharte de maneras inesperadas. Escribir en un diario sobre tus heridas te ofrece un espacio seguro para procesarlas y liberarlas. Porque para curar una herida debes sentirla. Y para pasar página debes hacer el trabajo interior de limpiar esa herida.

6. Llevar un diario te ofrece la maravillosa oportunidad de registrar tu colorida vida.

Henry Wadsworth Longfellow escribió: «Una vida sobre la que valga la pena escribir, vale la pena escribirla minuciosamente y con sinceridad». Sabias palabras, ¿verdad? Tu vida importa, es única y de incalculable belleza (con todos sus altibajos). Así que, ¿no vale la pena anotarla?

17

Quienes te hacen daño te ayudan

Escribo este artículo en la espartana sala de escritura de mi casa de campo. La ventana está abierta, el aire de comienzos de la primavera llena el espacio y oigo ladrar a un par de perros pastores a lo lejos. Un gallo canta demasiado alto para mi serenidad. Los olivos están preciosos y el sol de la mañana ilumina los viñedos mientras me bebo una sencilla taza de expreso (una de las pequeñas maravillas por las que me encanta despertarme).

Bueno, hablemos de las personas que te han hecho daño, que te han engañado, han abusado de ti y te han traicionado. Las personas que han defraudado tu confianza, te han convertido en menos amable y quizá incluso te han vuelto un poco cínico, criticón y cerrado.

Creo que aparecieron en tu vida por alguna razón.

Verás, las personas que te causan dolor en realidad pueden ser las mismas que te muestran tu poder. Y si así lo decides, el sufrimiento que te han causado puede convertirse en una puerta de entrada a fortalezas que no sabías que tenías antes de que te hicieran daño.

Neale Donald Walsch, el autor de *Conversaciones con Dios*, escribió un breve libro para niños que me ha ayudado muchísimo. Se titula *La pequeña alma y el sol*.

En pocas palabras, trata de dos almas que se encuentran... antes de convertirse en seres humanos.

Puede parecerte una extravagancia, y si te resulta extraño, lo entiendo muy bien. Pero a mí me parece bastante posible. El hecho de que no creamos en algo (o de que no entendamos un concepto novedoso que distorsiona nuestra realidad) no significa que sea falso, ¿verdad?

El caso es que las dos almas tuvieron una conversación sobre una promesa. La pequeña alma le dijo al alma amiga que quería conocer hasta qué punto era especial, poderosa y sabia (como te ocurre a ti). Y entonces la segunda alma le respondió que la ayudaría haciéndole algo malo durante su vida. La pequeña alma le preguntó a su amiga por qué estaba dispuesta a perder su gloria natural para hacer algo dañino, y esta le contestó: «Porque te quiero».

Después las dos almas se convirtieron en seres humanos. Y, en efecto, el alma amiga, que quería que la pequeña alma experimentara su grandeza aprendiendo a querer (cuando era más difícil querer), a perdonar (cuando era más difícil perdonar) y a ser noble (cuando ser noble no resultaba nada fácil), puso en grandes aprietos a la pequeña alma.

Y la pequeña alma ejerció su carácter especial aprendiendo a perdonar a la otra alma su mala acción, porque sabía que la había hecho por amor, para ayudarla a recordar lo que era de verdad.

Te cuento esta maravillosa parábola porque quizá, solo quizá, refleje la realidad. ¿Y si tu pasado no es una cárcel en la que quedarse encerrado, sino una escuela en la que aprender? ¿Y si cada persona que te ha hecho daño de alguna manera (mintiéndote, traicionándote, atacándote o portándose mal contigo) lo hubiera hecho para ayudarte?

Para sacarte de una vida cómoda sin crecimiento personal y empujarte hacia una vida mucho más rica en la que, al enfrentarte a las dificultades, descubras las grandes virtudes de los mejores seres humanos. Virtudes como la sabiduría, la tolerancia, la paciencia, la resiliencia, la perseverancia, el perdón y el amor. Para ayudarte a que te conviertas en el creador, guerrero, líder, héroe y ser humano verdaderamente rico que tu destino desea que seas.

18

Si te rodeas de payasos, espera un circo

Me gustaría que volviéramos a abordar un punto que he planteado antes porque quiero reforzarlo: el de ser reflexivo y cuidadoso respecto de con quién pasas el tiempo. Porque puedes crear una vida excepcional o rodearte de personas tóxicas, pero no ambas cosas.

Te conviertes en lo que son tus relaciones, y tus conversaciones afectan en gran medida a tu forma de ver el mundo y a cómo te muestras en él. Si pasas tus días con personas que van de víctimas y son descreídas y criticonas, sus virus mentales y sus sombras emocionales deteriorarán tu brillantez.

Invertir tus valiosas horas (una vez gastadas, se han perdido para siempre) con personas que desinflan tu alegría, se burlan de tus aspiraciones y te contaminan con su veneno es la mejor manera de quedarte estancado y no cumplir tu promesa de hacer cosas significativas, experimentar la auténtica belleza y vivir con altos niveles de libertad.

Así pues, ¿puedo animarte a que hagas una auditoría valiente de las personas a las que has permitido entrar en tu círculo, elimines a las negativas (o pases mucho menos tiempo con ellas) y refuerces los vínculos con las que alimentan tu fe en las oportunidades, la valentía y las posibilidades humanas?

Porque si te rodeas de payasos, mejor que esperes un circo.

19

No dejes que el cuidado personal
acabe con tu autoestima

Lo que siento la necesidad de compartir contigo ahora es la importancia de no confundir el indispensable cuidado personal (que consiste en proteger tu mente más pura, sanar tu buen corazón, fortalecer tu cuerpo sano y alimentar tu espíritu soberano, entre otras cosas) con el objetivo heroico de vivir con audacia y perseguir una misión creativa que aumente tu autoestima.

Muchas personas utilizan el «trabajo interior» como una forma de evitar enfrentarse a sus miedos y llevar a cabo el trabajo exterior que materializará su talento. Mira, durante más de un cuarto de siglo he abogado por el desarrollo de una vida interior rica. En mis inicios como escritor y conferenciante, la gente se reía de mí cuando hablaba del poder de una buena rutina matutina, la meditación diaria como medio para mantenerse fuerte y tranquilo, caminar en la naturaleza para aumentar la positividad y mejorar la creatividad, descansar más para prolongar la esperanza de vida y construir la vida en torno a una causa. El cuidado personal es la base de una vida alegre, equilibrada, sana y tranquila.

Pero las personas que de verdad tienen éxito (y este punto es importante) nunca recurren a la sensata necesidad de cuidarse como excusa para no hacer las cosas a veces difíciles que también forman parte de una vida excelente. No pasan sus mejores días en una bañera perfumada con sales de baño mientras se infusiona una manzanilla fresca, suena música de meditación mística y alguien les da un masaje en los pies.

Para hacer grandes cosas es absolutamente necesario que te centres, que seas productivo, implacable e invencible en la búsqueda apasionada de proyectos que, aunque a veces sean difíciles, te impulsen a desvelar tu yo más elevado (y más dotado). Conseguir con frecuencia cosas que parecían imposibles te muestra fortalezas, talentos y poderes que ni siquiera sabías que tenías. Y convertir tus inspirados sueños en disciplinados resultados diarios deja un rastro de victoria que recarga tu autoestima. Te querrás más a ti mismo cuando hagas más cosas que no te encanta hacer (pero que es importante que hagas). Y créeme, serás más feliz si eres aún más productivo.

Así que haz ambas cosas. Convierte el buen cuidado personal en una de tus prioridades. Una vida excepcional es un reflejo directo del bienestar interior, pero equilíbralo con la creación continua de una base de suprema autoestima que surja del rendimiento de élite, los logros extraordinarios y la creación constante de auténticas obras maestras.

20

Conviértete en una persona que dice que sí

El otro día, antes de subir al escenario para dar una charla sobre liderazgo ante nueve mil empresarios en Londres, mantuve una interesante conversación con el hijo de un famoso conferenciante.

Me dijo que, aunque su padre es mayor, sigue diciendo que sí a todo. A todo.

Sí a las conferencias, sí a escribir más libros y sí a formar a jóvenes emprendedores. Sí a viajar a otros continentes, sí a leer nuevos libros, sí a nuevos desafíos, sí a nuevas amistades y sí a aventuras emocionantes.

Supongo que eso lo convierte en una persona que dice que sí.

Y para mí eso es fantástico. Nuestro pequeño planeta, que atraviesa una época tan tumultuosa, necesita más gente como él. Personas con la sabiduría de dejar a un lado los dispositivos digitales para vivir las maravillas del momento presente. Individuos que entienden que la ilusión de seguridad es más peligrosa que la incomodidad de crecer. Seres humanos que se niegan a vivir el mismo año ochenta veces y llamarlo vida.

El miedo, las dudas, la suspicacia, la apatía, la mediocridad, el cinismo y los privilegios no nos dejan crecer y nos bloquean el acceso a la excelencia, la productividad, la felicidad y el liderazgo, a lo que tenemos derecho desde que nacimos.

Así que (quizá) la palabra más poderosa del mundo sea una de las más sencillas: «SÍ».

Para aumentar la primera forma de riqueza, te animo con entusiasmo a decir que sí al nuevo y arriesgado proyecto que impulsará tu crecimiento. Di que sí al viaje que llevas años posponiendo. Di que sí a dar el discurso que tanto te asusta, a la nueva relación que te exige mucho a nivel emocional y al libro que te parece tan difícil que no quieres leerlo, aunque sabes que debes, porque contiene la sabiduría que tu yo más fuerte desea que adquieras.

Tu grandeza y tu magia dependen de ello. Y tu honor personal te pide que digas que sí con mucha más frecuencia.

Bienestar

El hábito de optimizar tu salud constantemente

No valoramos la salud
hasta que llega la enfermedad.

THOMAS FULLER,
historiador inglés

La segunda forma de riqueza

Bienestar / Breve resumen

La salud es un tipo de riqueza. Si no te sientes bien física, mental, emocional y espiritualmente, todo el dinero, las posesiones y la fama del mundo no significan nada. Si pierdes tu bienestar (espero que nunca suceda), te aseguro que pasarás el resto de tus días intentando recuperarlo.

De la sabiduría popular proviene la siguiente afirmación: «Cuando somos jóvenes, estamos dispuestos a sacrificar nuestra salud en busca de riqueza, y cuando ya somos viejos, estamos dispuestos a sacrificar nuestra riqueza por un solo día con salud».

Ayer tuve una conversación con un buen amigo. Su tío, que era multimillonario, murió hace poco. Mi amigo me habló de la grave enfermedad de su tío y me contó que, cuando se acercaba el final, decía a su familia que donaría toda su fortuna a cambio de recuperar el bienestar que antes daba por sentado.

No tiene sentido quedarse atrapado en la mentalidad de esforzarte, trabajar demasiado y no dormir por alcanzar tu Everest personal para acabar enfermo en una habitación de hospital esterilizada. Con tubos en la garganta, agujas en las venas y atado a una cama. Sé que sabes lo que quiero decir.

Y al escribir que protejas tu salud debo dejar claro que no me refiero solo al ámbito físico. También debes nutrir la salud de tu mente, proteger el bienestar de tu universo emocional y alimentar con frecuencia y cuidado tu vida espiritual. Y así te sentirás feliz y en paz. Porque ¿cómo podemos decir que somos ricos sin una vida positiva, plena y apasionada?

21

Date un baño en el bosque

Vale, quizá no literalmente (aunque si quieres, me parece bien). Una práctica muy popular en Japón es el *shinrin-yoku*, que significa «baño de bosque». Investigaciones científicas han confirmado que pasear por el bosque reduce de forma significativa la tensión arterial, el cansancio, la ansiedad, la depresión y la confusión cognitiva.

Salir a caminar por la naturaleza también reduce la hormona del estrés, el cortisol, y aumenta los niveles de felicidad. Esta rutina es excelente no solo para tu salud mental, física y emocional, sino también para tu vigor espiritual. Cerca de la tierra, entre árboles, respirando aire puro y estando alejado de nuestro ruidoso mundo, volverás a conectar con tu parte más elevada. La que conoce las respuestas a tus preguntas más profundas, tiene la sabiduría para guiarte hacia tus mejores decisiones y está conectada con toda la vida en sí.

Pasear por la naturaleza es también una de mis prácticas favoritas para estimular la creatividad. La célebre escritora inglesa Virginia Woolf paseaba a diario. El famoso científico Charles Darwin dio tres paseos diarios de cuarenta y cinco minutos durante la mayor parte de su vida. Vincent van Gogh dijo: «Intenta caminar todo lo que puedas y no pierdas el amor a la naturaleza».

Te recomiendo que, antes de empezar tu jornada laboral, des un paseo de quince minutos cerca de árboles, plantas y flores. Este protocolo cambiará las reglas del juego en cuanto a tu capacidad de concentración, el alcance de tu energía y tu productividad general.

Los seres humanos estamos hechos para vivir en la naturaleza. Y esta comunión no solo optimizará tu bienestar, sino que aportará a tu vida mucho más entusiasmo, fascinación y belleza. ¿Y no sería saludable?

22

Tus genes no son tu destino

Me fascina la epigenética. *Epi* significa «por encima de» en griego. Así que la epigenética es el estudio de los factores que, prevaleciendo sobre el código genético, regulan la activación o no activación de los genes con los que naciste, por así decirlo. En el pasado se consideraba que los genes que heredabas de tus padres determinaban tu destino físico. El debate «naturaleza versus crianza» se ha resuelto y ahora la investigación científica confirma que el desarrollo de nuestra salud física y mental depende tanto de los genes que hemos recibido de generaciones anteriores como de factores ambientales como la calidad de nuestro pensamiento, el ejercicio diario, las conductas alimentarias y los protocolos de sueño.

Sí, tu entorno y tu estilo de vida tienen la poderosa capacidad de alterar la expresión de los genes que has heredado. No tienes que ser víctima de tu genética. Adoptando prácticas más saludables, como hacer ejercicio a primera hora de la mañana, controlar el estrés mediante la meditación, salir a caminar por la naturaleza (como he mencionado en el capítulo anterior), respirar de forma adecuada, comer alimentos no procesados y sin productos químicos, ayunar intermitentemente, consumir menos alcohol, alejarnos al menos un día por semana de los dispositivos digitales, tomar duchas frías o baños calientes y descansar, podemos evitar que se activen genes de nuestros genomas que nos habrían causado un mal funcionamiento o enfermedades y potenciar los que optimizarán nuestro bienestar y nos permitirán llevar una vida larga y sin enfermedades.

Así que, como tu mentor a distancia, te sugiero que nunca renuncies a tu capacidad de convertirte en «la persona más sana que conozcas» con excusas sobre la genética que te han transmitido generaciones anteriores. Y empieza a poner en práctica (o intensifica) los hábitos que espero que te hagan vivir para siempre.

23

¿El capítulo más corto de la historia de la inspiración para la salud?

Pocos hábitos te ayudarán tanto como mover el cuerpo con energía a diario. Es el elixir para tener una vida excepcional. Así que, como deseo que te conviertas en tu mejor versión, debo decirte que si no haces ejercicio, ¡levántate y empieza! Y si haces ejercicio con frecuencia, aumenta tu entusiasmo. Y amplía tus ejercicios. Hoy.

La vida es demasiado corta para no estar en forma. Y como dijo Mark Twain: «La mejora continua es mejor que la perfección postergada».

24

Considera la comida como medicina

«Que la comida sea tu medicina y la medicina sea tu alimento», nos enseñó Hipócrates, el padre de la medicina.

La dieta tiene una profunda influencia en el bienestar general. Se ha demostrado que los arándanos, las manzanas, el salmón y el té verde favorecen la felicidad, por ejemplo. Alimentos como los aguacates, las nueces de Brasil y los huevos combaten el cansancio y te proporcionan la energía necesaria para que des lo mejor de ti.

En un artículo publicado en *The Lancet* se daba cuenta de que la mala nutrición había sido responsable de once millones de muertes en todo el mundo durante los doce meses del estudio. La dieta con exceso de sodio fue el principal factor de riesgo de esta mortalidad. Así que te animo a que hoy comas de forma más limpia, clara y deliberada. El dicho «Si no cuelga de un árbol, no crece en la tierra o no tiene madre, no lo comas» es un buen consejo a seguir (si no eres vegano). Y recuerda que nunca te sentirás bien comiendo mal.

Por extraño que parezca, también considero el agua una medicina. Debes beber de cuatro a seis vasos de agua al día, lo que te recompensará con muchos beneficios para la salud, como mejor circulación sanguínea, más vitalidad de la piel, mejor funcionamiento del cerebro, disminución del dolor en las articulaciones, un corazón más sano y una función mitocondrial más rica. Todo ello te garantiza un envejecimiento más lento y una mayor longevidad.

No quiero entrar en el tema de qué dietas funcionan mejor porque no me gustan las dietas (crear un estilo de vida sostenible que incluya comer alimentos saludables es mil veces más inteligente), y las tallas únicas no le quedan bien a todo el mundo. Dicho esto, debo contarte que una de las mejores inversiones que he hecho fue analizar mi genoma (puedes buscar en internet los laboratorios que realizan estas pruebas) porque me mostró qué alimentos funcionan mejor para mí teniendo en cuenta cuáles de mis genes eran óptimos y cuáles podrían mejorarse gracias a los alimentos. Pero me limitaré a animarte a que considers los alimentos un tipo de medicina y a que comas lo que sea mejor para ti. Tu actitud, tu estado de ánimo, tu energía, tu vitalidad y tu vigor te lo agradecerán. Para siempre.

25

Defiende tu salud mental

La gratitud es el antídoto contra las preocupaciones. Y ayudar es sin duda una espléndida cura para el miedo. Deja que me explique.

En primer lugar, ninguna parte de un libro sobre salud estaría completa sin hablar de aptitud mental (¿de qué sirve un cuerpo sano con una mente enferma?). Proteger tu estado mental también eleva tu vida física, así que te daré algunas recomendaciones para que mantengas tu psicología en su nivel más alto.

Los seres humanos tenemos un sesgo de negatividad innato. Tú y yo estamos programados para inspeccionar nuestro entorno y centrarnos sobre todo en las amenazas. Esta tendencia cognitiva nos resultó muy útil hace miles de años, cuando nos enfrentábamos a peligros implacables en nuestro entorno. Este instinto evolutivo permitió sobrevivir a nuestros antepasados, pero ahora que los tigres de dientes de sable han desaparecido, la posibilidad de alejarse de la manada y morir de hambre es mucho menor, y el riesgo de que nos asesine un miembro de una tribu hostil es casi nulo.

Sin embargo, todavía hoy nuestro cerebro sigue sintiendo el impulso de buscar los problemas, quedarse estancado en las decepciones y dar mucha más importancia a las situaciones negativas que a las positivas.

Damos vueltas a un comentario desagradable (y a veces lo recordamos durante años) y olvidamos todos los elogios que hemos tenido la suerte de recibir.

Nos centramos en los rasgos molestos de un compañero de trabajo en lugar de en sus buenas cualidades.

Revivimos una y otra vez experiencias traumáticas en lugar de dejarlas ir, seguir adelante y disfrutar de los dones del momento. Tenemos el doble de probabilidades de evitar hacer algo que podría enriquecer mucho nuestra vida (por miedo a perder lo que tenemos) que de experimentar el placer de conseguir las recompensas que nos proporcionará el nuevo comportamiento (lee esto dos veces, por favor).

Para reconfigurar tu sesgo de negatividad hacia un enfoque más positivo que te proporcione mucha más felicidad y bienestar te ofrezco cuatro prácticas:

Práctica de positividad 1: Escribe un párrafo sobre «cómo podría ser peor». Escribe en tu diario unas líneas describiendo cómo la situación que te preocupa podría ser dramáticamente peor. Esto cambiará tu pensamiento de un estado de toxicidad a un estado de gratitud y te dará perspectiva sobre tus problemas.

Práctica de positividad 2: Aprende a saborear. Muchos de nosotros corremos por la vida como si escapáramos de un incendio catastrófico. Nos llenamos la agenda a rebosar, nos obsesionamos por maximizar la productividad en todas las horas del día y descuidamos lo que sabemos que son los elementos fundamentales de una vida plena para chatear en internet con personas que ni siquiera nos caen bien. Los psicólogos positivos han descubierto que las personas más felices y sanas tienen un rasgo común: insisten en «saborear». Esto significa que cuando sucede algo bueno, reducen el ritmo y lo interiorizan. Tómate tu tiempo para apreciar las cosas buenas y reflexionar conscientemente sobre ellas, aunque sean tan sencillas como una taza de café por la mañana, un techo sobre tu cabeza o un niño al que le encanta reír.

Práctica de positividad 3: Mejora tu diálogo contigo mismo. La mayoría de nosotros nunca hablaríamos con tanta dureza a los demás como nos hablamos a nosotros mismos. Empieza a ser más amable contigo mismo, a elogiarte más por tus buenas acciones, a concederte valor por ser fiel a ti mismo y a celebrar la persona en la que estás convirtiéndote. Has superado muchas dificultades, has conseguido muchas cosas buenas y has sido una fuente de aliento para muchas personas. Háblate a ti mismo de una manera que refleje este avance.

Práctica de positividad 4: Sé servicial. Entregarte al servicio de los demás es liberarte de las preocupaciones, la negatividad y la ansiedad. Pregúntate con frecuencia: «¿Cómo puedo mejorar aún más la vida de los demás?», y después da un paso adelante y ponte manos a la obra. «La mejor manera de encontrarse a uno mismo es perderse sirviendo a los demás», aconsejó Mahatma Gandhi.

Cuanto más ejercites estas cuatro prácticas de positividad, más reestructurarás tus vías neuronales y vencerás el sesgo de negatividad que te bloquea la alegría, la vitalidad y la serenidad.

26

Meditación en microdosis

Te escribo este mensaje en una pequeña cabaña de un viñedo sudafricano. He venido en busca de inspiración y aislamiento para terminar esta parte del libro. Suena música country, el sol sale por encima de las lejanas montañas y me divierten las risas sinceras de los trabajadores que pasan entre las vides centenarias.

Empecemos este capítulo con una pregunta: ¿De qué sirve tener todo lo que la sociedad te ha dicho que debes esforzarte por alcanzar si, en cuanto lo consigues, te sientes vacío y estás siempre preocupado por la posibilidad de perder todo lo que tienes?

He descubierto que la clave para tener una gran vida es estar en el mundo sin apegarse a él. Hazlo lo mejor que puedas y después deja que la vida haga el resto. Y todo sucede por alguna buena razón, aunque en ese momento las cosas parezcan ir mal. La existencia humana es una especie de juego. Participa en el juego porque vivimos en el planeta Tierra, así que para eso nos hemos inscrito, pero no olvides que en muchos sentidos todo es una ilusión y que lo que la mayoría te dice que es importante no suele serlo.

Supongo que lo que te sugiero es que no desperdicies los mejores días de tu vida escalando una montaña para darte cuenta, cuando ya sea demasiado tarde, de que has escalado la montaña equivocada. Desperdiciar la vida es un error trágico.

Lo que me lleva a la meditación. No es necesario hacerlo todos los días, aunque creo que deberías, incluso si eres un gran empresario, un operador financiero, un deportista de alto nivel o un líder estatal. De hecho, si aspiras a alguna de estas ocupaciones, debes meditar. Esto me recuerda a otra frase de Mahatma Gandhi: «Hoy tengo tantas cosas que hacer que debo meditar durante dos horas en lugar de una».

E incluso aunque no estés en un puesto con gran presión, te insto encarecidamente y con cariño a que practiques la meditación con frecuencia. Te mantendrá centrado y fuerte en los desafíos, pensarás con optimismo y te sentirás relajado, y por lo tanto tomarás decisiones más claras y rendirás al máximo.

La meditación también reducirá la inflamación que causa enfermedades y te ayudará a vivir mucho más tiempo. Y ni siquiera es necesario que las sesiones se prolonguen mucho tiempo.

Me encantan los periodos de meditación de una o dos horas, pero, si quieres, puedes microdosificarlos. Si no puedes meditar una hora, hazlo media. Si no puedes media hora, hazlo diez minutos. Y si no puedes diez minutos, hazlo cinco.

Menos es nada. Y toda sesión cuenta. Cuenta de verdad. Avanzar siempre funciona mejor que buscar la perfección. Las ganancias constantes se unen para acercarte a una vida de satisfacción constante y libertad interior duradera.

Practica la regla de tomar el sol desnudo

Vale, quizá no es necesario que estés desnudo (a menos que te guste, y me parece bien).

Lo que te animo a considerar hoy, mientras trabajas en la creación de la segunda forma de riqueza, es el deslumbrante valor de pasar tiempo al sol (no demasiado, porque es malo, pero sí una cantidad de tiempo razonable, porque es bueno). Todos los días. O cuando haga sol.

La exposición moderada al sol (de diez a veinte minutos) aumenta los niveles de serotonina, lo que aumenta los niveles de felicidad. También se sabe que tomar el sol durante este tiempo eleva la cantidad de vitamina D en 5.000 UI. Varias investigaciones incluso indican que un breve periodo de exposición al sol entre las ocho de la mañana y las doce del mediodía ayuda a perder peso. Ah, y tomar el sol por la mañana (de nuevo con moderación) permite que la luz del sol te entre en los ojos, lo que aumenta la concentración, el estado general de alerta durante el día y el sueño profundo.

Y un dato más: el *Journal of Internal Medicine* ha dado a conocer un estudio en el que participaron treinta mil suecos que concluyó que quienes pasaban algo de tiempo al sol cada día vivían entre seis meses y dos años más que quienes no lo hacían.

La exposición excesiva a los rayos ultravioleta del sol es cancerígena. Ya lo sabes. Pero dedicar un poco más de tiempo a tomar el sol podría aumentar tu positividad, enriquecer tu tranquilidad y prolongar tu vida más rica.

28

Hacer ejercicio hasta acabar empapado en sudor no es ninguna tontería

Esta mañana me he despertado y no tenía ganas de hacer ejercicio. A mi mente se le ocurrió una letanía de excelentes excusas: «Estaría bien tomarme un día de descanso» (no necesitaba un día de descanso porque lo había tenido unos días antes), «Soy un artista, así que ¿por qué no disfrutar del momento?» y «Mañana me esforzaré el doble en el gimnasio».

Pero he recurrido a la gran reserva de fuerza de voluntad que todos tenemos dentro (es como un músculo que se fortalece con el uso) y me he obligado a ir al gimnasio. Las excusas son mentirosas y la procrastinación es una ladrona. Y he recordado lo que me enseñó la leyenda del boxeo Muhammad Ali cuando dijo: «Odiaba cada minuto de entrenamiento, pero me decía: "No te rindas. Sufre ahora y vive el resto de tu vida como un campeón"».

¿Y sabes qué? El entrenamiento se hacía más fácil cuanto más me movía. Sí. He subido el volumen de la música («Anthem» de Greta van Fleet) y he acelerado el ritmo (estaba corriendo). Cuanto más sudaba, más feliz me sentía. Cuanto más corría, más energía tenía. Cuando he terminado, me sentía fantásticamente bien. La decisión de vencer mi resistencia inicial ha cambiado por completo la textura, la sensación y la energía de todo el día.

¿Mi lección para ti hoy, amigo mío? Muy fácil. Aunque te despiertes pensando que hacer ejercicio es una mala idea, estaría dispuesto a apostar mi leal bicicleta de montaña cubierta de barro a que, en cuanto venzas esa resistencia, te darás cuenta de que ha sido una idea excelente, porque siempre te sentirás mucho mejor después de un entrenamiento intenso que antes de empezarlo.

29

Haz un reto de treinta días sin azúcar

Cuando soy mentor de un multimillonario o asesoro a un emprendedor o a un actor famoso, a menudo les pongo una serie de retos de treinta días. Esta práctica funciona muy bien. Si la meta es ponerse en forma, podrían ser treinta días caminando diez mil pasos cada mañana.

Si la finalidad es ser más positivo y adquirir mayor fortaleza mental, puede consistir en pasar treinta días enteros sin quejarse.

Si el objetivo es aumentar la calidad del trabajo, el reto podría ser treinta días sin conectarse a las redes sociales o retirarse junto al mar para terminar su obra maestra.

Ya entiendes lo que quiero decir. Y la idea funciona muy bien (sobre todo si llevas un registro diario o utilizas una aplicación de seguimiento de hábitos). Si te saltas un día, no hay problema, no te castigues. Vuelve a la carga al día siguiente. Lo que curiosamente me lleva al azúcar.

Es veneno, ¿lo sabes? Puede provocar intestino permeable, diabetes, hígado graso y problemas cardiacos. Puede propiciar cáncer, crear alteraciones cerebrales y aumentar los trastornos metabólicos. Sácalo de tu vida, y tu bienestar físico, tu concentración, tus niveles de energía y tu longevidad se dispararán.

Sí, evita el azúcar durante treinta días. Al principio tendrás que esforzarte porque tu cuerpo te pedirá a gritos helado, dulces, chocolate o refrescos, pero después se adaptará, te apetecerá comida más natural y empezarás a sentirte muy muy bien. Recuerda que todo cambio es difícil al principio, desordenado en el medio y hermoso al final. Y que nada sabe tan bien como sentirse sano.

Comprométete a una desintoxicación de dopamina

Uno de los mejores pasos que puedes dar para llevar la riqueza de tu bienestar a un nuevo nivel es liberarte del constante deseo de dopamina.

El propio diseño de las aplicaciones de las redes sociales pretende aumentar la liberación de este neurorregulador que hace que te sientas motivado y encantado. Cada vez que ves *likes* en una de tus publicaciones, el centro de recompensa de tu cerebro se activa, lo que provoca la liberación de más dopamina.

Asimismo, ver programas de televisión con mucha acción, tener un horario frenético, comer dulces y otras formas de evasión como enviar demasiados mensajes de texto, navegar durante horas en internet, comprar ropa de forma compulsiva y consumir alcohol generan un ciclo de retroalimentación de dopamina. Estas conductas te proporcionan sensaciones instantáneas de placer que liberan dopamina en tu cerebro, lo que a su vez motiva más búsqueda de placer (aunque a menudo tóxico) mediante estos comportamientos.

La información clave que debes conocer es que a medida que produces más dopamina, necesitas más cantidad para alcanzar el mismo efecto. Esto conduce no solo a un déficit de dopamina, sino también al fenómeno psicológico de la adaptación hedónica, en el que haces todo lo que antes te hacía feliz, pero ahora estás apático. Empiezas a sentirte hastiado y te das cuenta de que ya pocas cosas en la vida te producen sensación de placer, lo que te empuja a buscar aún más estimulación con la esperanza de sentirte más vivo. ¡Qué desastre! ¿La solución? Sométete a una «desintoxicación de dopamina». Podría durar cinco o incluso diez días e incluir:

- no mirar los dispositivos durante las primeras dos horas después de despertarte;
- ayuno total de redes sociales;
- evitar la televisión, los videojuegos e incluso la música durante el periodo de desintoxicación;
- comer alimentos sencillos y ligeros en casa en lugar de alimentos pesados en un restaurante;
- estar en soledad, silencio y quietud durante unas horas cada día;
- no consumir alcohol ni otros estimulantes adictivos durante el tiempo que dure el plan.

Esto reajustará tu producción de dopamina, evitará el secuestro del sistema de recompensa de tu cerebro y te permitirá romper con malos hábitos, como mirar constantemente las redes sociales, buscar vídeos tontos y llenar cada hora del día de «ajetreo y agotamiento» solo para tener la sensación de que estás bien aunque sea por un momento.

Supongo que lo que también te sugiero es que ralentices tu vida y simplifiques tus días. Haz menos para vivir más. Esto me hace pensar en lo que Henry David Thoreau escribió en su maravilloso libro *Walden*:

> Fui al bosque porque quería vivir de forma deliberada, enfrentarme únicamente a los hechos esenciales de la vida y ver si podía aprender lo que esta tenía que enseñarme, para no descubrir, cuando llegara la hora de morir, que no había vivido.

31

Conviértete en un profesional del sueño

Para sentirte mejor y estar mucho más sano, duerme mucho más. ¡Anoche dormí diez horas! No es mi rutina normal, pero ¡hoy me siento de fábula!

Toneladas de estudios científicos nos dicen a ti, a mí y a todas las demás buenas almas que caminan hoy por el planeta que la falta de sueño es la forma número uno de acortar la esperanza de vida.

Aunque llevo años alentando a la gente a levantarse antes del amanecer (muchos millones de personas han leído *El Club de las 5 de la mañana*, han adoptado la «fórmula 20/20/20» para una rutina matutina insuperable y han mejorado drásticamente su vida), en ningún momento he dicho que deba hacerse a expensas del descanso. En absoluto.

Dormir no es un lujo, sino una necesidad. (¿Puedes leer esta línea cinco veces más, tatuártela en el cerebro y grabártela a fuego en el corazón?) Porque el buen descanso es la base de una vida maravillosa.

Las investigaciones confirman que cuando dormimos, se activa un mecanismo que limpia el cerebro. Dormir de forma adecuada elimina toxinas del cerebro, repara las células cerebrales dañadas por el estrés y permite que los recuerdos se ensamblen y se integren de la manera más eficaz posible.

Un buen descanso también aumenta tu creatividad, mejora tu productividad (porque te recarga la energía) e incluso te garantiza la estabilidad emocional (porque controla la amígdala, la parte del cerebro que libera hormonas del estrés en respuesta a las amenazas) y reduce el secuestro límbico. ¿Has observado alguna vez con qué facilidad reaccionas de forma exagerada y tomas malas decisiones que te causan grandes problemas cuando esa noche has dormido mal? Casi me atrevería a decir que cometemos la mayoría de nuestros errores cuando estamos cansados. Una espléndida noche de sueño restaura la perspectiva y hace que todo mejore.

Te invito a crear hábitos de sueño inteligentes para que puedas llevar tu descanso al más alto nivel posible.

Entre ellos:

- Dar un largo paseo después de terminar el trabajo para que cuando te metas en la cama estés tan cansado que duermas como un bebé.
- No mirar tus dispositivos digitales después de las ocho de la tarde para evitar la exposición a las pantallas que afecta a la producción de melatonina. (La melatonina es necesaria para la recuperación vital a través del sueño).
- Una rutina antes de dormir que incluya escribir sobre los pequeños logros del día, las lecciones que has aprendido y los momentos de alegría, tomar un baño caliente con música relajante y evitar notificaciones, noticias y cualquier cosa que provoque ansiedad o sobreestimule.
- Limpiar el desorden de tu casa y dejar preparada la ropa de deporte y las zapatillas la noche antes (colócalas al lado de la cama) para que no tengas motivos para posponer el ejercicio matutino cuando te despiertes.
- Descansar en un dormitorio fresco, sin aparatos tecnológicos ni distracciones (utiliza una máquina de ruido blanco para bloquear los sonidos molestos si vives en una gran ciudad).

«El sueño es Dios. Adóralo», nos enseñó el escritor Jim Butcher. Sabias palabras.

32

Preséntate en el gimnasio como quieres presentarte en la vida

Estoy en mi casa de campo y llueve. Las ventanas son tan viejas que la lluvia se ha filtrado y ha caído en mi querido escritorio. Pero no pasa nada. Le dará más carácter.

Mi enseñanza en este capítulo es sencilla: Tu rutina en el gimnasio es tu práctica de vida. La forma en que te presentas en el gimnasio determina cómo actuarás en todos los demás ámbitos de tu vida (porque el modo en que haces lo primero es en realidad una preparación para cómo lo harás todo), así que utiliza el ejercicio para establecer una manera de ser que también te sirva en la vida.

Cuando veo a una persona muy en forma, entiendo con claridad que posee cinco características clave que no solo favorecen su bienestar físico, sino que también contribuyen a su vida en general:

Concentración. Mientras haces ejercicio, en realidad ejercitas la concentración. Utilízalo como una especie de meditación y mantén el pensamiento en lo que estás haciendo, en el momento presente. Si tu mente divaga, tráela de vuelta al ahora. Cuanto más lo practiques, más atención podrás prestar mientras realizas cualquier actividad fuera del gimnasio. Y céntrate en las actividades que importan, sin distraerte cada dos por tres.

Dedicación. Los mejores entrenamientos son los que no te apetecían, pero los hiciste y acabaste encantado. Hacer con frecuencia cosas difíciles que no te apetece hacer (aunque sabes que debes hacerlas porque son muy buenas para ti) es lo que caracteriza a los héroes, así que cumple las promesas que te has hecho a ti mismo y haz los ejercicios que te dijiste que harías. Todo entrenamiento contribuye a lograr tu objetivo de salud más elevado. Si lo haces con regularidad, te darás cuenta de que alcanzas niveles de dedicación y constancia que podrás utilizar para sacar provecho en otros ámbitos de tu vida.

Excelencia. Sí, esto significa correr con precisión. Hacer la postura de yoga con gracia, habilidad y medida. Levantar las pesas de forma excepcional. Hacer el esprint casi a la perfección. La excelencia en el gimnasio es preparación para la excelencia en la vida. Y garantiza la creación de una arquitectura de hábitos que hace que la mediocridad sea mucho menos probable después de salir del gimnasio.

Persistencia. Debo confesarte que ayer fue uno de esos días en los que nada me funcionaba en el gimnasio. Los *burpees* eran agotadores, las flexiones eran decepcionantes y sentí deseos de dejarlo. Pero no soy un flojo. No me rindo. Sé que estoy más vivo y soy más fiel a mí mismo cuando continúo en los momentos en que me apetece detenerme, así que seguí adelante. Tú también puedes hacerlo, por supuesto. Y cuando lo hagas, te volverás mucho más persistente en todas las dimensiones de tu vida.

Mejora. A todos los deportistas profesionales les obsesiona mucho más seguir progresando que llevar un anillo en el dedo meñique (porque entienden que así es como lo consiguieron). Vi una entrevista al ya fallecido Kobe Bryant, leyenda de la NBA, en la que hablaba de mantenerse presente en el proceso y sentir gozo en todos y cada uno de los entrenamientos. Casi parecía un monje zen predicando los beneficios de vivir el momento en lugar de pensar todo el tiempo en el resultado final (el campeonato). Añadía que al aprender a amar todos los entrenamientos, podía entrenar más que nadie en la liga: a primera hora de la mañana, a última hora de la mañana, por la tarde y por la noche. Concluía diciendo con una gran sonrisa que, con este patrón de entrenamiento día tras día, mes tras mes y año tras año, había desarrollado la habilidad y la destreza que le permitieron tener una ventaja tan importante que nadie podía seguirle el ritmo. Jamás.

Así que entra en el gimnasio con todas las ganas y con los cinco sentidos, porque eso marcará la pauta de cómo te desarrollarás en una vida realmente plena.

33

Conviértete en un experto multiplicador de vida

He escuchado a un locutor criticando a los «biohackers» y a otro comentarista burlándose de los servicios de una clínica de longevidad apartada en los Alpes. Los dos decían que el envejecimiento es una situación natural e inevitable que los seres humanos debemos aceptar y con la que nunca debemos jugar. ¿De verdad?

Pienso en los detractores que pusieron en cuestión la validez de la tesis de Galileo de que la Tierra era redonda y en los escépticos de mente cerrada que decían que los coches nunca sustituirían a los caballos y las calesas.

La ciencia es clara: se puede ralentizar el envejecimiento pensando, comiendo y haciendo las cosas bien. Y médicos de gran prestigio incluso han confirmado que el envejecimiento puede revertirse. El eminente inventor y futurólogo Ray Kurzweil ha dicho muy acertadamente: «Vive lo suficiente para poder vivir para siempre». Los avances en medicina y las innovaciones aplicadas a la longevidad que se avecinan te encantarán y te dejarán atónito.

Mi deseo para ti en la sesión de hoy es que pongas empeño en añadir unas décadas más a tu vida. Imagínate (cierra los ojos y hazlo por un momento) añadir veinte, treinta, cuarenta o cincuenta (o más) años a tu vida adoptando hábitos que van desde el uso sensato de algunos de los suplementos revolucionarios disponibles en el mercado hasta zambullidas en agua helada, saunas calientes, ayuno intermitente, cantidades adecuadas de sol, un plan de alimentación que funcione bien para tu genoma y meditación frecuente, además de mucho tiempo en la naturaleza y buenas siestas.

Al multiplicar de forma exponencial tu esperanza de vida, te beneficiarás del poder mágico de la capitalización compuesta, no solo en tu vida económica, sino también en otros ámbitos:

- Con veinte años extras de vida (por ejemplo) para estudiar, practicar y mejorar tu trabajo, imagínate lo excelente que serás en tu profesión.
- Con treinta años extras con tu familia y tus amigos, considera cuántas aventuras más tendrás con tus seres queridos, las ricas experiencias de las que disfrutarás y las bondades que podrás derramar sobre ellos.
- Con cuarenta años extras añadidos a tu vida, piensa en los triunfos que podrás conseguir, los libros que podrás leer, los viajes que podrás hacer, los idiomas que podrás aprender y el crecimiento personal que sin duda alcanzarás.
- Con cincuenta años extras, considera a todas las personas a las que ayudarás, la amabilidad que podrás mostrar y la magnífica influencia que tendrás.

Consigue multiplicar la duración de tu vida e inyecta más cosas extraordinarias en tus días. Como siempre, empieza con pequeños pasos. Avanza con constancia y cuando tengas ganas de detenerte, sigue caminando. No cabe duda de que sobreestimamos cuánto podemos avanzar en un mes, pero subestimamos hasta dónde podemos llegar en medio año.

Bueno, SuperChum, mi perrita, quiere que la saque a pasear, así que tengo que irme. Hablaremos más tarde. Adiós.

34

Sigue la dieta OMAD una vez por semana

En este mensaje te propongo un reto. Ahora sabemos que la restricción calórica es buena para la salud y que nos prolonga la vida. Lee sobre la autofagia. Merecerá la pena dedicarle diez minutos de tu valiosa vida.

¿Puedo sugerirte amablemente que ayunes al menos una vez por semana? Sí, una vez por semana sigue la dieta OMAD (*one meal a day*, una comida al día). Mejor aún, coge la comida que habrías comido ese día y dásela a una persona sin hogar o al banco de alimentos de tu localidad. De esta manera elevas dos vidas. Me recuerda a lo que Hermann Hesse escribió en *Siddhartha*, uno de mis libros favoritos: «Cualquiera puede hacer magia y alcanzar sus metas si es capaz de pensar, esperar y ayunar».

El ayuno intermitente crea en el cuerpo una dosis baja de estrés que lo saca de su estado normal y activa lo que se conoce como hormesis, un fenómeno en el que se inicia una serie de procesos celulares que reducen la inflamación, reparan el daño celular, aumentan la resiliencia y combaten el estrés oxidativo, que potencia el envejecimiento. Suelo ayunar dos o tres días por semana (aunque no soy fundamentalista al respecto; si mi cuerpo me dice que necesita que lo alimente, lo alimento). La disciplina me ha cambiado la vida porque me ha dado claridad mental, control, creatividad, energía y sensación de juventud.

En la antigüedad, los romanos, los egipcios y los griegos utilizaban el ayuno para desintoxicar el cuerpo, purificar la vida emocional, fortalecerse y aumentar su poder espiritual.

Experimentar hambre durante un tiempo también servirá para aumentar tu empatía con las personas del mundo que tienen el estómago vacío y te impulsará a hacer más por los necesitados. De modo que, si no has probado este hábito, pruébalo. Al principio será difícil. Y hermoso cuando se convierta en tu nueva normalidad.

35

Ríete más para vivir más tiempo

«No dejamos de jugar porque envejecemos; envejecemos porque dejamos de jugar», escribió el dramaturgo irlandés George Bernard Shaw. Pura sabiduría, ¿verdad? Nuestro mundo es complejo y está lleno de preocupaciones muy reales y de una creciente variedad de crisis. No quiero enumerarlas porque lo cierto es que me dolería el corazón. En cualquier caso, una de las cosas más inteligentes que puedes hacer en esta época confusa es recordar las palabras de mi difunto buen amigo Richard Carlson: «No te preocupes por las cosas pequeñas... y todo son cosas pequeñas».

Mira, amigo en constante crecimiento y absolutamente especial, no digo que los problemas a los que se enfrenta ahora nuestra civilización sean pequeños. Para nada. Pero la vida es para los vivos. Y aunque tengas una larga vida, antes de que te des cuenta estarás bajo tierra, criando malvas. Perdona que te lo diga, pero conectarte con tu mortalidad de vez en cuando da más vitalidad a tus días, porque te vuelves más consciente de que son limitados.

Una manera brillante de mantenerte alegre en estos tiempos de múltiples crisis es no perder la perspectiva. Cuando me enfrento a un problema, suelo preguntarme: «¿Se ha muerto alguien?». Si no, sigo adelante enseguida y con buen ánimo. También me pregunto: «¿Importará dentro de un año?». E incluso: «¿Qué oportunidades me ofrece?».

Después, por extraño que parezca, me obligo a reírme. Lo

hago de verdad. Unas veces delante del espejo y otras en el bosque. ¿Sabías que el mero acto de sonreír hace que el cerebro libere una cascada de neurotransmisores como la oxitocina y la serotonina, y que produzca el factor neurotrófico derivado del cerebro (BDNF, por sus siglas en inglés), modulador de neurotransmisores, que es un factor clave en la neuroplasticidad del cerebro, en especial para el aprendizaje? ¿Y eres consciente de que se ha demostrado que la risa reduce el estrés, aumenta el bienestar mental, reduce el dolor crónico, mejora la salud del corazón y fortalece la inmunidad?

La risoterapia tiene raíces profundas. A principios del siglo XIV, un profesor de cirugía llamado Henri de Mondeville utilizaba el humor como herramienta en el tratamiento postoperatorio de sus pacientes. Sonreí cuando lo leí por primera vez, porque es muy interesante.

En 1964, al periodista Norman Cousins le diagnosticaron una grave dolencia. Posteriormente escribió un artículo en el *New England Journal of Medicine*, titulado «Anatomía de una enfermedad», donde dio cuenta de su recuperación de la enfermedad degenerativa del colágeno con altas dosis de vitamina C y risa constante. «Descubrí con alegría que diez minutos de carcajadas sinceras tenían un efecto anestésico y me proporcionaban al menos dos horas de sueño sin dolor».

Para forzar la risa en medio de sus dificultades, veía películas de los hermanos Marx y reposiciones de *Candid Camera*, y pedía a las enfermeras que le leyeran artículos divertidos.

Casi al final de su vida, Cousins señaló: «Es muy posible que este tratamiento fuera una demostración del efecto placebo. Pero si es así, el placebo ("el médico que reside dentro") era poderoso».

Por último, según un estudio, los niños de cuatro años se ríen una media de cuatrocientas veces al día, mientras que los adultos quince. El comediante Steve Martin se reía unos minutos frente al espejo cada mañana para ponerse de buen humor. Quizá tú también deberías hacerlo.

36

Respira como un samurái

Escucha esto: hace siglos, en Japón, ponían a prueba si los guerreros samuráis estaban preparados para ir a la batalla colocándoles una pluma debajo de la nariz. Si la pluma no se movía, les permitían pelear. La respiración calmada mostraba que tenían un alto nivel de concentración, seguridad en sí mismos y coraje. «Respirar adecuadamente es vivir adecuadamente», han enseñado los más grandes sabios de todos los tiempos.

Muchos de nosotros hemos olvidado cómo respirar de forma correcta, empujados por las obligaciones y el estrés de la vida cotidiana a inhalar y exhalar rápida y superficialmente en lugar de respirar hondo, desde el estómago. Y, a través de un circuito de retroalimentación negativa, la respiración superficial activa el sistema nervioso simpático (esa parte del sistema nervioso relacionada con la respuesta de «luchar, huir o quedarse paralizado» en situaciones de tensión), lo que genera aún más estrés y preocupación.

Respirar hondo (lo que a veces se llama respiración diafragmática) no solo te relaja en momentos difíciles y aumenta tu bienestar mental y emocional, sino que también optimiza tu capacidad de atención (en un entorno de distracción digital incesante).

Los fuertes samuráis utilizaban la respiración como un método para llevar una vida rica, gratificante y noble. Aprendamos de ellos.

37

Canta como un monje

Me fascinan los monjes, los monasterios y los superpoderes mentales, físicos, emocionales y espirituales que los mejores de entre ellos desarrollan a través de sus rituales ancestrales que van desde la meditación y la oración hasta el ayuno y el canto. Escribí *El monje que vendió su Ferrari* hace décadas, pero incluso antes intentaba descubrir cómo esos seres excepcionales podían hacer las cosas maravillosas que hacen (algunos monjes se han entrenado para elevar la temperatura de su cuerpo a voluntad, soportar niveles extremos de dolor y hacer ayunos de agua durante muchas semanas).

Una de mis principales fascinaciones con estos seres extraordinarios es su práctica diaria de cantar a las cinco de la mañana y cómo utilizan esta rutina para asegurarse no solo de que su salud sea ideal, sino también de fortalecer su vida espiritual.

La ciencia está empezando a alcanzar a los monjes y surgen evidencias de que la terapia de sonido y la meditación con mantras (donde se recita una palabra o frase una y otra vez) tonifican el nervio vago, que es fundamental para la resistencia al estrés y una felicidad duradera.

Como parte de mi práctica matutina, cuando aparecen los primeros rayos del amanecer, suelo decir un mantra (*man* en sánscrito significa «mente», y *tra*, «libertad», así que los mantras liberan la mente) para empezar bien el día.

Mis lemas favoritos son:

- «Cada día y en todos los sentidos me vuelvo más fuerte, más sano y más feliz, y cada vez más amable». (Este mantra procede de uno que hizo famoso el médico francés Émile Coué en su libro *Autodominio a través de la autosugestión consciente*).
- «Este día es un regalo y lo viviré de maravilla, lo emplearé con cuidado y haré avances constantes con seguridad en mí mismo».
- «Realizo proyectos difíciles con facilidad y alegría, y no dejo de crecer en energía, maestría y valentía».
- «Ser útil, ayudar a quienes lo necesiten y hacer cosas buenas por todas las personas que pueda es vivir mi vida con plenitud».

¡Espero que te ayuden! Recuerda que eres más fuerte de lo que crees, tienes más talento del que te atribuyes y tu futuro tiene magia reservada para ti. Confía en ti mismo, cree en ti (en especial cuando nadie más lo haga) y sigue adelante. Siempre.

38

La soledad como método de bienestar

Desde pequeños nos enseñan a estar con otras personas la mayor parte del tiempo. A los que están mucho solos los condenan como ermitaños y los marginan como *outsiders*. Quédate en la manada. Asegúrate de encajar. Piensa como todos los demás. No te atrevas a destacar. Esto es lo que nos enseñan a pensar.

Al aplicarlo, nos hemos separado tanto de nuestro yo más bueno, sabio, creativo, verdadero y pacífico que ni siquiera sabemos lo que nos estamos perdiendo. No sabemos lo que no sabemos.

Y en los pocos momentos en que nos encontramos solos, de la forma que sea, enseguida buscamos nuestras drogas preferidas, que van desde aparatos tecnológicos, comentarios estridentes en redes sociales y música a todo volumen hasta superficiales chats en internet, citas digitales, búsqueda de malas noticias y trabajo excesivo solo para evitar nuestro estado natural: ser.

Sin embargo, estamos más vivos en presencia de nosotros mismos. Y tu relación contigo mismo determina tu relación con los demás. No puedes sentirte cómodo en sociedad si te sientes muy incómodo solo.

Practica lo que en mi metodología llamo «el enfoque 3S». Concéntrate a menudo en estar en Silencio, buscando el Sosiego (en esta época de hiperactividad) y disfrutando de los extraordinarios dones de la Soledad. Esta trinidad de estados elevará tu experiencia diaria para aportarte un bienestar sin límites. Y la riqueza que el dinero no puede comprar.

«Me resulta saludable estar solo la mayor parte del tiempo. Estar con otras personas, incluso con las mejores, enseguida me agota y me dispersa. Me encanta estar solo. Nunca he encontrado a un compañero que me hiciera tanta compañía como la soledad», escribió Henry David Thoreau, uno de mis filósofos favoritos de todos los tiempos.

Y la poeta May Sarton observó que: «Sentirse solo es la pobreza de uno mismo; la soledad es la riqueza de uno mismo». Bonitas palabras, ¿verdad?

39

Aumenta tu gratitud

Te escribo este mensaje en una parte del mundo donde por desgracia hay mucha pobreza. Esta mañana he tenido una conversación con un hombre que trabaja en el gimnasio. Le he preguntado cómo estaba y me ha contestado con una sonrisa enorme (casi del tamaño de la Gran Pirámide de Guiza, que he mencionado en una sesión anterior) y un entusiasta «Muy bien».

Entonces he profundizado un poco. Me ha contado que vive en «una casa de zinc», es decir, una pequeña choza hecha con paneles metálicos. Para asearse va a buscar agua a una fuente pública, la calienta en una cocina vieja y se lava en una palangana rota. En su choza no hay baño, y tiene pocas cosas y no mucha comida.

Me ha contado en tono tranquilo que cuando va a ver a su mujer y a sus hijos, que viven en otro país para no gastar tanto dinero (porque vivir allí es aún más barato), tiene que hacer cuatro días de viaje en autobús. «Casi nunca bajamos del autobús en todo el viaje (pasamos día y noche dentro). Pero es la única manera de ver a mi familia. Y estamos acostumbrados».

Después ha añadido, todavía radiante y muy erguido, con un gran sentido de la dignidad (este hombre es un rey secreto para mí): «Estoy agradecido, muy agradecido, ¡estoy vivo!».

Mmm. Muy agradecido. Solo por estar vivo. Debemos aprender de este ser humano rico de espíritu.

En *Manifiesto para los héroes de cada día* conté una historia sobre un hombre al que conocí en una zona difícil del planeta y que rebosaba alegría cada vez que veía a otro ser humano. Le pregunté por qué y dijo: «He visto a mucha gente muerta, así que me hace muy feliz ver a una persona viva».

Qué forma tan maravillosa, espléndida y fantástica de ver la vida en una época en la que muchos de nosotros, que tenemos tanto que agradecer, refunfuñamos y nos quejamos cuando el avión se retrasa o la cola del supermercado es demasiado larga. Creo que para llevar una vida rica de verdad debemos ser generosos y agradecidos.

Sé que es simple sentido común, pero no veo que se practique con tanta frecuencia. Me recuerda el proverbio persa que dice: «Maldije el hecho de no tener zapatos hasta que vi a un hombre que no tenía pies».

Tu manera de ver la vida depende mucho más de ti de lo que crees. Una de las decisiones humanas más elevadas es centrarse en el loto que crece en el fango, en las rosas en vez de en las espinas y en las estrellas en lugar de en las piedras. Ya me entiendes.

Esta noche me siento muy afortunado. ¿Por qué? Porque voy a salir a cenar con mi estupenda hija. No se sentará con nosotros ningún otro familiar, ningún amigo, ni la perrita. Solo un padre y su hija. Hablaremos de sus partidos de tenis, mis últimos periplos, su próximo viaje a la India y nuestras novedades.

Por ello expreso un inmenso agradecimiento. En su último viaje a la India, mi segunda hija me trajo un regalo que había envuelto con cuidado y atado con un hilo rojo sencillo pero exquisito. Esbozó una enorme sonrisa mientras me lo entregaba.

«Toma, papá. Te he traído esto. Espero que te guste».

Me gustó. Y me sigue gustando. Tengo ese pequeño elefante de madera tallado a mano en la sala en la que escribo para verlo casi todos los días. Te aseguro que para mí tiene más valor del que podría tener un Ferrari (no es que haya tenido uno nunca), una lancha (no es que quiera una) o un traje a medida (no es que fuera a ponérmelo). Y es porque me lo regaló mi hija.

Ya sabes que los psicólogos positivos utilizan el término «gratitud deliberada» para la que expresan las personas más sanas mentalmente, físicamente resistentes, emocionalmente felices y espiritualmente fuertes del planeta. No es el agradecimiento del día de Año Nuevo, sino la gratitud como práctica sopesada, deliberada y habitual.

Lo mejor de hacer que la gratitud deliberada forme parte de tus días es que es gratis. Y fácil.

Empieza a dedicar algún tiempo a agradecer las cosas buenas de tu vida. Y esfuérzate en prestar más atención a las cosas que sueles dar por sentadas. Si tienes buena vista, comida en la mesa, trabajo que te ayuda a cumplir con tus responsabilidades y dos pies para caminar, celebra estos dones. Los echarías de menos si los perdieras.

Te pido que aumentes tu gratitud, y que empieces ahora mismo. Cuanto más lo repitas, mejor lo harás (como todas las habilidades que practicas). Con el tiempo tendrás un máster en Gratitud Asombrosa y un doctorado en Deleite Diario, y sentirás el valor sutil de todo lo que llena tu mundo (incluso las cosas difíciles). Esta es mi sincera oración por ti.

40

Las duchas frías reducen las visitas al médico

La ciencia confirma que los hábitos de «inmersión en agua fría», como los baños de hielo, nadar en un lago helado y las duchas muy frías, pueden generar estados de ánimo más positivos, mejor función cognitiva y respuesta inmune, recuperación más rápida después del ejercicio e incluso mejor salud cardiovascular.

Un estudio publicado en el *European Journal of Psychology* confirmó que sumergirse en agua a catorce grados centígrados aumenta la dopamina (recuerda que es el neurorregulador del bienestar que mejora la concentración y la motivación) en un doscientos cincuenta por ciento.

Quisiera dejar claro que no estoy dando ningún consejo médico (en ninguna página de este libro), pero las investigaciones también muestran que una ducha fría relativamente rápida tiene beneficios maravillosos para la salud que van desde mejorar la salud cerebral (porque libera proteínas de choque térmico, que protegen contra la pérdida neuronal) hasta alcanzar mayor longevidad (el agua fría activa el proteosoma para aumentar la esperanza de vida).

¿Por qué funciona? Podemos encontrar la respuesta en la palabra que he mencionado un poco antes: «hormesis». Recuerda que es el fenómeno por el que, en respuesta a una dificultad estresante en el cuerpo, se activan una serie de reacciones celulares que sirven para desarrollar fuerza, salud, longevidad y resiliencia. En cantidades adecuadas, los factores estresantes horméticos, como la temperatura fría (o el ayuno intermitente, o el ejercicio en intervalos de alta intensidad), empujan al cuerpo a adaptarse, lo que a su vez provoca la formación de nuevas mitocondrias, aumenta la eliminación de toxinas en el sistema, mejora la regulación del azúcar en la sangre y estimula lo que Elissa Epel, directora del Aging, Metabolism and Emotion Center de la Universidad de California, en San Francisco, describe como «actividades celulares de limpieza que retrasan el envejecimiento».

Así que toma más duchas frías. Es posible que tengas que ir menos al médico.

41

Ejercita tu bienestar espiritual

Me alegro mucho de que en nuestra cultura se entienda cada vez más que la salud óptima no consiste solo en estar en buena forma física. Tener un cuerpo vital no vale nada sin vigor mental y una vida emocional sana.

Pero me gustaría que el concepto «bienestar espiritual» resultara menos misterioso y místico para la mayoría de las personas. En mi trabajo con financieros exitosos, empresarios famosos y deportistas icónicos, uno de los modelos de aprendizaje con los que empezamos es el esquema de «los cuatro imperios interiores», que muestra que la salud óptima y satisfactoria exige que hagas ejercicio y mejores en cuatro ámbitos importantes: mental (tu psicología), corazón (tu afectividad), cuerpo (tu estado físico) y alma (tu espiritualidad). Sin dedicación para mejorar en cada uno de estos ámbitos del bienestar, nunca podrás alcanzar tu vida más rica y hermosa.

El alma no tiene nada que ver con la religión. En absoluto. Entrenar el alma implica profundizar tu relación con tu yo más sabio, esa parte de ti que sabe lo que es bueno para ti, que se mantiene fuerte y airosa en periodos de problemas. Esa parte de ti que entiende que no utilizar tus dones y talentos naturales es disminuir el mundo (porque nos perdemos lo que tu genio produciría). Esa parte de ti que da, no que recibe. Que es un héroe, no una víctima.

Recarga tu espíritu tomándote tiempo para estar solo con más frecuencia. Busca tiempo para sentarte en silencio al menos un par de veces por semana, aunque mejor durante un rato profundo todos los días. Camina por el bosque para renovar tu yo mejor y más elevado. Ora si lo deseas, lee libros sabios si quieres y recuerda no alejarte de una persona necesitada sin haber hecho lo posible por aliviar su dolor. Cuantas más personas ayudes, más se expandirá tu alma.

Hemos llegado al final de la parte sobre la segunda forma de riqueza, pero quiero animarte a no descuidar tu vida espiritual en tu búsqueda de una salud óptima. Un alma bien cuidada te será muy útil para llevar una vida de auténtica riqueza.

Familia

El hábito de que una familia feliz es una vida feliz

Una familia feliz es un cielo en la tierra.
GEORGE BERNARD SHAW

La tercera forma de riqueza

Familia / Breve resumen

Tener el amor de una familia buena (aunque nunca perfecta) es una de las recompensas más dulces de la vida y un valor exponencialmente más importante que todo el dinero del mundo. No puedes llamarte rico de verdad si acabas siendo rico a nivel económico, pero eres pobre en relaciones humanas con las personas más importantes de tu universo.

Una vida familiar sólida, llena de alegría y feliz sentará las bases sobre las que construir una historia personal que no solo te satisfaga por completo, sino que también dé cabida a la creatividad, la productividad y el impacto en los demás que busca tu parte más poderosa.

Conocer el cariño de los que te quieren y disfrutar de la compañía de buenos amigos y personas que te desean lo mejor es el trofeo de una auténtica victoria. Curiosamente, muchas almas buenas no valoran su vida familiar hasta que la pierden. Y solo entonces se dan cuenta del enorme tesoro que puede ser si se la cuida. «El amor no conoce su profundidad hasta el momento de la separación», dijo el poeta libanés Kahlil Gibran en su obra maestra *El profeta*.

Invertir en tus relaciones más cercanas y enriquecer tus días con más amor es una de las inversiones más inteligentes y productivas que podrás hacer jamás. Así que empecemos a trabajar juntos en esta tercera (y fundamental) forma de riqueza: la familia.

42

La vez que mi madre se enfrentó a una banda de motoristas

No me lo invento: una banda de motoristas se mudó a la calle en la que mis padres llevaban décadas viviendo. Alquilaron la casa de un vecino, e iban y venían en moto a toda velocidad, haciendo vibrar las ventanas de las casas de la hasta entonces tranquila y arbolada carretera a las afueras de la ciudad.

Mi madre, tan valiente como siempre (ahora tiene más de ochenta años), fue a comprar un juego de conos de color naranja (como los que utilizan los trabajadores de la construcción de carreteras) y los colocó para que los motoristas tuvieran que reducir la velocidad.

No lo hizo por su propio beneficio. Lo hizo porque mis hijos, que en ese momento eran muy pequeños, solían jugar en la calle frente a la casa de mis padres, y quería protegerlos (¡así se hace, mamá osa!). La estrategia funcionó, pero no lo suficiente. La banda redujo la velocidad, pero las motos seguían pasando demasiado rápido para el gusto de mi madre.

Un día, mientras los motoristas estaban parados en las motos delante de su casa, escuchando la sinfonía *Júpiter* de Mozart (vale, esta parte no es verdad, pero todo lo demás sí), mi madre le dijo a una vecina que iba a ir a hablar con ellos.

—Voy a decirles que reduzcan la velocidad por mis nietos —le dijo—. No quiero que les pase nada a los niños.

—No, no vayas, por favor —le suplicó la vecina—. Son peligrosos.

—Voy ahora mismo —le contestó mamá osa.

Y, en efecto, se dirigió a ellos. Les pidió que redujeran la velocidad y tuvieran más cuidado. Y que fueran mejores vecinos. ¿El resultado de su audaz gesto? No podrían haber sido más educados. Incluso fueron muy amables. Esos motoristas feroces y de aspecto rudo tenían un corazón de oro. El líder le dijo (se me saltan las lágrimas mientras lo escribo): «Señora, su nieta es nuestra nieta. Tendremos mucho cuidado. Gracias».

Mi madre volvió a su casa, preparó una bandeja gigantesca de galletas con pepitas de chocolate y se las llevó. En serio, les hizo galletas.

El líder le dijo que si alguna vez necesitaba algo, la pandilla estaba allí para ayudarla. Mi madre se marchó con una sonrisa mientras ellos se comían las galletas sentados en las motos delante de la casa.

¿La moraleja de esta historia? Muy fácil. Pocas cosas son más importantes para una vida verdaderamente rica que la familia y los buenos vecinos. Mantén a los tuyos cerca.

43

Crea una cuenta del amor

¿Qué pequeñas acciones puedes llevar a cabo hoy para profundizar tus vínculos con las personas a las que más valoras? ¿Qué actos de bondad y de belleza puedes ofrecerle a alguien para que su día sea un poco mejor? Lo paradójico de ser más compasivo es que el mero acto de dar a los demás hace que te sientas mejor. Y aumenta en mucho tu tercera forma de riqueza.

Para que practiques ser más cariñoso, crea una cuenta del amor. Haz varios depósitos en esta reserva tan especial con una pequeña acción que aporte alegría a la vida de un ser querido. Comprarle a tu pareja flores sin motivo concreto, enviarle a tu mejor amigo un ejemplar de tu libro favorito (¡más te vale que sea *El Club de las 5 de la mañana*!) o pararte a decirles a tus hijos sin rodeos lo que sientes por ellos son buenos puntos de partida. (Tengo como ritual abrazar a mis hijos cada vez que los veo y cada vez que se van. Quién sabe lo que puede pasar mañana).

Estos pequeños depósitos diarios en la cuenta del amor te darán mucha más felicidad que una caja fuerte llena de joyas. Y asegúrate de que tu autoestima sea siempre mayor que tu patrimonio neto (aunque, por supuesto, la libertad económica es importante para tener una vida rica, y en otra parte del libro te ofreceré unas herramientas transformadoras para que puedas alcanzarla). Como con tanta elocuencia dijo Ralph Waldo Emerson: «Sin un corazón rico, la riqueza es un mendigo feo».

44

La ley de los ojos de los seres queridos

Aquí tienes una ley fundamental que debes seguir si quieres tener relaciones ricas con tu pareja, tu familia en general y tus verdaderos amigos: Si algo es importante para ellos, haz que sea importante para ti.

En otras palabras, mira con los ojos de las personas a las que quieres. Intenta ver el mundo como ellas lo ven y date cuenta de cómo se sienten ante cualquier tema, actividad o entusiasmo que compartan contigo.

Esta idea va más allá de una empatía general. Se trata de amplificar de forma significativa la importancia que le das a algo que normalmente pasarías por alto porque el ser humano que tanto te importa piensa y siente que es importante.

Y cuando hayas conseguido vivir esta ley, llévala a tu comunidad. Vive así y tu vida se convertirá en un regalo. Y en un hermoso ejemplo (para muchos).

45

Disfruta de las pequeñas sorpresas de la vida familiar

Sé que es una idea muy extendida, pero significa tanto para mí que he pensado en escribirte un breve mensaje al respecto.

Volvamos a mi madre. Anoche tuvimos una gran cena familiar y antes, como siempre, mi madre me preguntó:

—¿Qué quieres que lleve?

Como siempre, le contesté:

—Nada, mamá. Tráete a ti misma (y a papá). Todo está listo.

Cuando apareció mi madre, tan guapa y elegante como siempre, traía una bolsita con algo dentro.

—Toma, Robin, esto es para ti. Es menta fresca para la infusión de la mañana. Lo he comprado esta tarde en el mercado. Te encantará.

Es muy fácil quedar atrapado en perseguir lo que la sociedad nos dice que son los grandes premios y descubrir demasiado tarde que en gran medida eran premios insignificantes. Y a menudo olvidamos que las cosas que parecen pequeñas, como la menta que mi querida madre compró con todo su amor para su hijo en un mercado de agricultores, son en realidad las más importantes.

No guardes rencores

La vida es demasiado corta para guardar rencor. Recuerdo que leí la autobiografía del guitarrista de los Rolling Stones, Keith Richards, *Vida*, que incluía un episodio sobre una ocasión en la que uno de sus mejores amigos le robó dinero. En lugar de expulsarlo de su vida y amargarse durante años, el músico lo perdonó pensando que seguramente su amigo necesitaba el dinero más que él. Y volvió a su estudio para seguir haciendo música.

Como un ninja, ¿verdad? Comportamiento de maestro zen, al menos para mí. Qué respuesta tan honorable, heroica y cariñosa a las debilidades de otro ser humano.

Algunas personas pueden tener una filosofía completamente diferente. «Dale una lección», «Nadie va a hacerme algo así», «Me las pagará» y cosas por el estilo. Lo entiendo. A veces yo también pienso así, lo confieso.

Un cliente me dijo hace poco que por desgracia su padre estaba muriéndose de cáncer de estómago. Le quedaba en torno a un mes de vida. El padre llevaba cincuenta años sin hablarse con su hermano. Me contó que se habían peleado cuando ambos eran mucho más jóvenes. Por cierto, el padre ni siquiera recordaba por qué se habían peleado, pero las posiciones se habían endurecido, las paredes se habían cimentado y las líneas de batalla quedaron trazadas.

Y así, durante medio siglo, los dos hermanos, que tiempo atrás habían estado muy unidos, no se dijeron ni una palabra. Ni una palabra.

Piensa en todas las excursiones para pescar juntos que se perdieron.

Piensa en todas las comidas familiares que no compartieron.

Piensa en las risas que no disfrutaron, los recuerdos que no crearon y el amor fraternal que desperdiciaron.

Mi cliente me dijo que la semana pasada el hermano se presentó en la habitación del hospital de su padre. Simplemente entró. Con una tarjeta, unas flores y una caja de bombones (envuelta con un gran lazo azul).

El enfermo le dijo:

—Estoy muy enfadado contigo. Por haber perdido todos estos años juntos.

Después se relajó, tosió y empezó a llorar.

El hermano también lloró y le dijo:

—Te he echado mucho de menos. —Se calló un instante, se secó las lágrimas y después le susurró al oído a su hermano—: Te quiero.

El padre de mi cliente murió al día siguiente. No guardemos rencores. De ellos nunca sale nada bueno.

Practica el amor duro

Las relaciones no están destinadas a ser implacablemente difíciles. Lo primero que debes hacer es tener muy claro lo que no es negociable y lo que es más importante para ti en una relación. En segundo lugar, depende de ti proteger tus prioridades de manera elegante y estricta (y a veces con dureza). Enseñamos a los demás cómo tratarnos, y si dejas que te traicionen con frecuencia y te derroten, creerán que no hay problema en hacerlo. Y cada vez que lo hagan, perderás un poco más el respeto por ti mismo y tu honor personal.

A veces las relaciones pueden ser difíciles, pero no deberían serlo todo el tiempo. Si este es tu caso, estás en una relación tóxica y, como tu mentor a distancia, tengo que decirte que debes salir de ella (hoy). Sé que no crees que puedas hacerlo mejor o que rezas para que de alguna manera la persona cambie, pero una bandera roja es una bandera roja, y es posible que desperdicies los mejores años de tu vida esperando a que se convierta en verde. Sí, lamentarás tu «pérdida» y será difícil por un tiempo, pero el dolor de la ruptura será mucho más fácil que la tragedia de lo que sucederá si te quedas.

Lo repito: si estás en una relación que es difícil a diario, ha llegado el momento de que rompas con ella. No es buena para ti. Puedes hacerlo mucho mejor. Corta el anzuelo. Corta por lo sano. Ahora.

Sin duda no estoy diciendo que todas las relaciones sean

fáciles o un paseo diario por el parque. Entre dos seres humanos es normal que surjan problemas.

Solo digo que las relaciones deben ser una fuente de compañerismo, apoyo, crecimiento, felicidad y amor. Y si la tuya no es así, termina con ella: así dejarás espacio para que algo más gratificante entre en tu valiosa vida. Ambos sabemos que te mereces lo mejor.

48

La elección de tu pareja es el noventa por ciento de tu alegría

Llegué a la alegría profunda en mi relación de pareja bastante tarde en la vida. Tengo que ser sincero. Te lo debo. Siempre. Encontré a una verdadera compañera de vida después de los cincuenta años. Una mujer que me entendía, vibraba conmigo y me hacía sentir que había hallado a la persona con la que me encantaría pasar el resto de mi vida.

Estaba en un momento en el que había terminado con los dramas. No me interesaban los altibajos de una relación que fuera todo fuego y cero estabilidad. Ya había pasado por eso. Para mí se había acabado.

Desde luego, repetimos las mismas experiencias duras hasta que aprendemos la lección que debían enseñarnos.

En fin, Elle es la bomba. Guapa, sabia, elocuente, muy cariñosa, divertida, elegante, culta y comparte conmigo los valores que considero más importantes. Ve el mundo como yo. Curiosamente, creció en la misma ciudad que yo. La sincronicidad es la forma que tiene el universo de animarte en silencio, ¿verdad?

Mira, como he señalado en el último mensaje, todas las relaciones sentimentales pueden ser complicadas en determinados periodos. Es poco probable que encuentres a la persona ideal para ti a la primera, la segunda o la tercera. Entretanto, asegúrate de buscar a un compañero, no un proyecto. Creo que este es un punto muy importante que todos deben recordar al elegir a su pareja.

Y sí, estoy de acuerdo en que nadie es perfecto. Yo desde luego no lo soy. Aún no he conocido a una persona que no tenga ninguno de los defectos, cicatrices y rarezas que nos hacen humanos, pero creo que existe la pareja adecuada para cada uno de nosotros. Como la chef Julia Child dijo en cierta ocasión: «El secreto de un matrimonio feliz es encontrar a la persona adecuada. Sabes que es la adecuada si te encanta estar con ella todo el tiempo». Es lo que tengo ahora. Y te deseo lo mismo (si aún no lo tienes).

Ah, y en cuanto encuentres a esa persona que sabes que es la pareja adecuada para ti, esfuérzate por conservarla cuando los tiempos se pongan difíciles (que se pondrán). Las parejas increíbles no crecen en los árboles. Y las historias de amor legendarias requieren mucha paciencia.

49

Practica la regla de los tres grandes amigos

Mi querido padre, que dedicó cincuenta y cuatro años de su vida a ser médico de familia, me dijo una vez: «Robin, si tienes tres grandes amigos, eres rico. Mantén cerca a tus viejos amigos. Son grandes tesoros, y difíciles de encontrar».

Tener tres amigos que te aceptan, te apoyan y te quieren por quien eres (con tus rarezas) es un regalo especial de una vida vivida con sabiduría.

Amigos con los que puedes ser tú mismo y no tienes que fingir ser una persona que no eres para encajar.

Amigos que se ríen contigo cuando te ríes y lloran contigo en el dolor.

Amigos que te entienden y aplauden tu forma de ver la vida (por tonta que parezca).

Amigos a los que podrías llamar a las tres de la mañana desde un país extranjero si tienes problemas, y sabes que correrían al aeropuerto y cogerían el primer vuelo para ir a buscarte.

«Buenos amigos, buenos libros y una conciencia tranquila: esa es la vida ideal», escribió Mark Twain. Estoy seguro de que tiene razón.

50

Documenta el viaje

Escribí sobre la idea principal de este mensaje hace mucho tiempo en ¿*Quién te llorará cuando mueras?* Y me ha funcionado tan bien que he pensado que debía sacar la información de los archivos y compartirla contigo. Encaja a la perfección en esta parte sobre la tercera forma de riqueza: la familia y las relaciones enriquecedoras.

Trasfondo: cuando era niño, mi padre lo fotografiaba todo. Le encantaban la fotografía y las cámaras. Las antiguas. Esas cámaras que había que ser fuerte para levantarlas y que se llevaban en una bolsa de cuero con compartimentos para los diferentes objetivos. Las que ahora están en museos de historia medieval.

El caso es que capturaba en carretes casi todas las experiencias familiares.

Cumpleaños y graduaciones.

Conciertos escolares y vacaciones.

Excursiones al zoo para ver los chimpancés.

Saltos vertiginosos en mi pequeña motocicleta (que en realidad tenía el motor de un cortacésped).

Algún día tengo que mostrarte fotos de mi familia en esa época, pero de momento ya puedes hacerte una idea. Mi padre lo fotografiaba todo.

Clics por aquí y por allá. Le entusiasmaba capturar los acontecimientos, los momentos importantes (o no) y la evolución de la vida de nuestra familia.

Era casi como si no diera nada por sentado. Como si lo agradeciera todo. Como si entendiera que los momentos familiares son efímeros. Y que la magia residía en los más cotidianos. Por eso veneraba las ceremonias importantes y valoraba los detalles más pequeños. Muy sabio. Y profundamente bueno. Así es mi padre.

Una vez le pregunté por qué hacía tantas fotos. Mi padre me sonrió. Después me apoyó una mano en el hombro.

«Nadie sabe lo que pasará en el futuro. Quiero tener documentadas todas las cosas buenas de las que tú, tu hermano, tu madre y yo hemos disfrutado juntos. Quizá algún día tu hermano y tú miraréis todos esos álbumes y os sentiréis muy afortunados».

Cuando mi padre tenía ochenta y cinco años, en la cena familiar que Elle y yo organizamos antes de trasladarnos a Italia, me entregó una bolsa de tela que contenía un disco compacto de los de antes. Había llevado su cargamento de fotos y películas a una tienda y se lo habían grabado todo en ese disco. «Aquí están todas las películas que te filmé cuando eras niño —me dijo—. Es mi regalo. Disfrútalo, Robin. Has sido un buen hijo».

Me conmoví. No era un objeto de valor incalculable, pero ha sido uno de los mejores regalos que he recibido nunca.

51

La pregunta de las diez mil cenas

Uno de mis rituales favoritos los sábados por la mañana es ir a la ciudad que hay cerca de donde vivimos y hacer una sesión de pura movilidad para estirarme y liberar la tensión acumulada por los intensos entrenamientos de la semana, que me mantienen en forma. Salgo renovado y lleno de energía. Me dirijo a una plaza maravillosa y compro el periódico del fin de semana, que leo en un precioso café (frecuentado por poetas y artistas) bebiendo un expreso superfuerte mientras oigo charlar a los italianos que me rodean.

En esa cafetería leí hace tiempo un artículo sobre Ayesha Vardag, una de las abogadas de divorcios más célebres del Reino Unido. A ella acuden futbolistas famosos, multimillonarios de renombre y poderosos aristócratas cuando su matrimonio termina. Ha llevado divorcios durante años, y en ese artículo opinaba sobre lo que hace que los buenos matrimonios duren. «Dormitorios separados» era su primera instrucción. Continuaba con un consejo que me parece fantástico para el tema que estamos abordando, la tercera forma de riqueza:

> Lo que hace que el matrimonio dure es sobre todo disfrutar de la compañía del otro, no solo físicamente, porque eso se reduce con los años. Debes tener a una persona con la que te diviertas y que te estimule. Tienes que pensar en términos de diez mil cenas: si puedes imaginarte cenando con una persona diez mil veces, deberías casarte con ella.

Las personas más felices en su relación sentimental te dirán «He tenido suerte» y que los dos sienten que les ha tocado el gordo (¡léelo dos veces!). Es cierto que las relaciones fantásticas son como la lotería: ganar depende en buena medida de la suerte, y quienes la tienen sienten que acaban de ganar el mejor premio. Que los dioses de las relaciones satisfactorias los han bendecido. Y los ángeles de la felicidad doméstica les han besado.

Si no te sientes muy afortunado con la pareja que tienes, quizá no sea la pareja adecuada. Y, como te he sugerido un poco antes, puede que haya llegado el momento de pasar página.

52

Los polos opuestos no se atraen

Entiendo la tan mencionada teoría de la atracción de los contrarios, la colisión de los universos y la electricidad del fuego y el hielo cuando se mezclan. Pero no ha sido mi caso.

En mi experiencia, la relación sentimental más fácil, maravillosa, satisfactoria y duradera de la que he tenido la suerte de disfrutar ha sido con una pareja que se parece mucho a mí.

Nos gusta hacer las mismas cosas, así que no tenemos que negociar que ella haga algo que me gusta a mí a cambio de que yo haga algo que no soporto (como ir a parques de atracciones o asistir a interminables eventos deportivos con público ruidoso).

Los dos adoramos a la familia y pasamos mucho tiempo con las nuestras.

A los dos nos encanta la tranquilidad, no somos adictos a los dramas, y las pocas veces que «nos peleamos», en realidad no se trata de una pelea y todo se soluciona en cuestión de minutos. (Una vez leí que el principal indicador de si una relación durará es cómo resuelve la pareja los conflictos).

Adoramos la compañía del otro, y mi mejor plan para una noche de viernes es hablar con ella durante horas bajo las brillantes estrellas de la Toscana bebiéndome mi ginebra sin alcohol favorita (elaborada con plantas) con lima fresca, una ramita de romero de nuestro jardín y tónica fría. Mi SuperChum suele apoyarme la cabeza en los pies con un ojo abierto por si aparece su salamandra favorita.

Lo repito para que quede claro: no me interesa en absoluto tener una relación sentimental en la que paso las mejores horas de mis mejores días explicando por qué tengo los hábitos que tengo, por qué hago las cosas que hago, por qué vivo como vivo y por qué siento la necesidad de creer en los insólitos sueños que sueño (como hacer el mundo mejor y los días de mis lectores más luminosos).

Este tipo de cosas no solo agota tu fuerza vital y te hace perder tu valioso tiempo, sino que crea una infinidad de malentendidos, caos y dificultades generales (que en su mayoría acaban en desastre).

Sí, haz lo que te parezca correcto, por supuesto. Eres más sabio de lo que te consideras y más grande de lo que crees. Corre tu propia carrera y sé tu propio gurú. Solo pretendo asesorarte sobre lo que creo que te será de más ayuda.

Y entiendo que en general no elegimos el amor. El amor nos elige.

Sin duda estoy de acuerdo en que las personas llegan a nuestra vida por alguna razón, durante una temporada o con suerte para toda la vida. Y cuando una relación termina, no es un fracaso, porque ha permitido que tu capacidad de amar creciera. Ningún crecimiento en el amor es jamás un desperdicio.

Aun así, encontrar a una persona compatible contigo hará tu vida mucho más feliz, mucho más productiva, divertida y tranquila. Experimentarás mayor creatividad, tu productividad aumentará drásticamente, ganarás (y ahorrarás) más dinero, disfrutarás de una salud mental, emocional, física y espiritual mucho mejor y llevarás un estilo de vida que te encantará.

Al menos así ha sido en mi caso.

53

Los niños pequeños son regalos gigantes

Un día del Padre, cuando mi hijo estaba en la escuela primaria, trajo de clase una tarjeta hecha a mano. En la cara delantera estaba impresa la huella de su manita, y dentro de la tarjeta, encima de una pequeña fotografía de mi hijo, había escrito estas palabras:

> A veces te desanimas porque soy muy pequeño
> y dejo en los muebles marcados los dedos.
> Pero estoy creciendo, algún día seré mayor
> y ya no verás esas huellas a tu alrededor.
> Así que aquí tienes una para que puedas recordar
> cómo eran mis dedos a mi más tierna edad.
> Con cariño, Colby

Los niños crecen muy deprisa. La vida pasa en un abrir y cerrar de ojos (o en un suspiro). Parece que fue ayer cuando estaba en la sala de partos esperando el nacimiento de mi hermoso hijo, que es un optimista empedernido, y dos años después el de mi sabia y maravillosa hija. Ahora son adultos que dan sentido a su vida (Colby es escritor y Bianca trabaja en actividades benéficas).

Es fácil prometerte a ti mismo que pasarás más tiempo con tus hijos cuando las cosas se calmen en la oficina o cuando tengas menos responsabilidades sobre tus hombros. Pero si no actúas sobre la vida, la vida tiene la fascinante costumbre de actuar sobre ti. Y las semanas se convertirán en meses, los meses se convertirán en años, los años se convertirán en décadas y, antes de que te des cuenta, esos niños pequeños con manos diminutas que crees que seguirán siendo pequeños para siempre habrán crecido. Y se habrán ido.

54

Algunas heridas no van a curarse

Anoche vi un documental sobre la mundialmente famosa Pamela Anderson. En él contaba sus experiencias como actriz y como una de las primeras *influencers*, y su intensa y turbulenta historia de amor con la estrella de rock Tommy Lee, de la banda de heavy metal Mötley Crüe. En una escena, Anderson hablaba en tono sincero y vulnerable de sus muchos matrimonios, de sus insatisfactorias relaciones y de sus dificultades para encontrar una pareja que encajara con ella. Después, mientras veía un vídeo de Pamela con Lee, durante lo que parecía el mejor momento de su relación, se emocionó, se levantó y se alejó de la cámara llorando.

La pareja se separó hace más de veinticinco años, por eso me pareció interesante (y conmovedor) que verse a sí misma viviendo un momento mágico con Tommy Lee todavía le provocara sentimientos tan fuertes. Era evidente que nunca había dejado de quererlo. Y verse con él en su juventud, llenos los dos de esperanza, promesas y pasión, la conmovió en lo más profundo. Algunas llamas no se apagan, supongo.

Lo único que quiero decir es que algunas heridas no van a curarse y, por extraño que parezca, a veces el amor no muere solo porque la relación termine.

Esto no significa que tengáis que volver a estar juntos. (Pienso en la popular frase «A veces las personas vuelven a nuestra vida para ver si seguimos siendo tontos»). Simplemente significa que el amor que compartisteis fue real e importante, y debes atesorarlo para siempre (en un lugar secreto de tu corazón).

Y que sabes perdonar y eres tan fuerte que, en lugar de amargarte, sigues queriendo. ¡Qué maravilla!

55

No seas un felpudo

A ver. No confundamos ser amable con nuestra pareja, nuestros familiares, amigos o compañeros de trabajo con ser débil. La mayoría de las personas amables han sufrido mucho y han superado muchas cosas. Su dolor les ha permitido conocer su fuerza. Tienen acero por dentro.

A veces, al terminar una sesión con un cliente en la que nos hemos centrado en las relaciones, el cliente me dice: «Robin, si soy cariñoso, compasivo y sincero, la gente se aprovechará de mí. No quiero ser un felpudo».

Mi respuesta suele ser la siguiente: «La gente solo se aprovechará de ti si se lo permites. Tienes la capacidad de establecer límites y defenderte, así que hazlo, por favor».

Es cierto que enseñamos a las personas cómo tratarnos. Y en las relaciones a menudo conseguimos aquello con lo que nos conformamos. Y recibimos lo que aceptamos.

El equilibrio que debes dominar es este: sé respetuoso pero asertivo. Educado pero valiente. Civilizado pero sincero. Cariñoso pero respetándote a ti mismo. ¿Trato hecho?

56

El apego no es amor

Hay una enorme diferencia entre el apego y el amor.

El apego necesita a alguien y es dependiente y temeroso. Surge de heridas abiertas y de heridas de la infancia que aún no se han curado (por eso es fundamental sanar las viejas lesiones para que no derrames dolor oculto sobre personas que no te han hecho daño). El apego es inseguro y egocéntrico. Nos lleva a hacer cosas (en las relaciones) que no son saludables para nosotros, como sentirnos atraídos por una pareja que nos trata mal, seguir con una relación tóxica demasiado tiempo y pensar que no vamos a encontrar a nadie mejor que la persona problemática con la que estamos.

El amor es totalmente diferente. El amor es generoso, firme, compasivo y agradecido. Nos impulsa a elevarnos en su presencia. Y a confiar en lo que nos hace especiales. Es mejor estar solo que no tener eso. Sé que estarás de acuerdo conmigo.

57

Da más abrazos

Entiendo que pongas los ojos en blanco ante este consejo, pero tengo que dártelo, porque serás muy feliz si lo vives.

Primer paso: si tienes la suerte de que tu madre esté viva (y cerca de ti), deja lo que estás haciendo (puedo esperar) y ve a abrazarla. Llegará un día en que no podrás. (Por supuesto, haz lo mismo con tu padre si puedes).

¿Sabías que abrazar a una persona provoca la liberación de dopamina, serotonina y oxitocina en tu cuerpo? Lo cual sirve para reducir la presión arterial, disminuir la ansiedad y favorecer la positividad. Genial, ¿verdad?

En un estudio con más de cuatrocientos adultos se descubrió que el hábito de abrazar reduce el tiempo de las enfermedades; en otro, que mejora la salud del corazón. Y el eminente doctor Dean Ornish ha descubierto que las personas que suelen sentirse deprimidas, solas y aisladas tienen tres veces más probabilidades de ponerse enfermas y morir antes.

Así que da más abrazos. Tu familia te adorará por ello y nuestra sociedad será más agradable gracias a ti.

58

Conviértete en un creador de personas

He estado en cintas transportadoras y en lanzaderas a las que llamaban «transportadores de personas». Este término siempre me ha parecido extraño, no sé por qué.

Una expresión que me gusta mucho más es «creadores de personas». ¿No deberíamos serlo todos?

¿No debería ser uno de nuestros objetivos principales en casa, en el trabajo y en las calles de toda comunidad en la que vivamos?

Te escribo estas sinceras palabras aislado en la habitación de un hotel de Londres. Estoy lejos del ruido de una vida muy plena (y a veces cansada) dedicada a criar a una familia, cumplir mis aspiraciones éticas como artista y hacer lo posible por ser un instrumento al servicio de la mayor cantidad de personas posible antes de acabar siendo un montón de cenizas (que espero que mi familia lance al océano frente a la costa de la impresionante isla de Cabo Bretón, donde crecí).

Iluminar a los que no son conscientes de su increíble talento es una labor de héroes. Preocuparte de verdad por hacer que las personas de tu vida sean más grandes, mejores y más valientes no solo es bueno para el planeta. Es un combustible fantástico para tu alma. Así que hazlo bien, por favor.

59

Sé un creador de momentos perfectos

Eugene O'Kelly lo tenía todo. Como director ejecutivo mundial de la consultora KPMG, dirigía a miles de empleados, era un experto en su sector y tenía poder, prestigio y prosperidad. Un día cualquiera fue a recoger los resultados de unos análisis rutinarios. Nunca desearías ver en la cara de tu médico la expresión que tenía aquel día el de O'Kelly cuando entró en la consulta.

O'Kelly recibió la triste noticia. Tenía un tumor cerebral inoperable. Y le dieron noventa días de vida.

En lugar de lamentarse y quejarse de su nueva realidad, el ejecutivo tomó una decisión drástica: organizaría los últimos tres meses de su vida para conseguir un auténtico éxito de manera similar a como había construido la empresa internacional que dirigía.

Viviría de forma plena y haciendo cosas que merecieran la pena. Repararía relaciones que había roto y haría los cambios necesarios con su familia, a la que con demasiada frecuencia había descuidado. Daría con amigos los paseos que nunca había dado y reduciría el ritmo para disfrutar de los placeres más valiosos, aunque a menudo inadvertidos, de la vida.

El ejecutivo se dio cuenta de que en todos sus años de magnate de los negocios nunca había llevado a su mujer a comer. Y al reflexionar fue consciente de que se había perdido muchos acontecimientos especiales con su hija, incluidos conciertos de Navidad, actos sociales y competiciones deportivas.

Y entonces decidió convertirse en lo que llamó un «creador de momentos perfectos».

En el poco tiempo que le quedaba de su antes glamurosa vida, trabajaría de forma activa, hábil y estratégica para crear recuerdos puros, maravillosos y especiales con sus seres queridos. Incluso haciendo las cosas más sencillas.

Eugene O'Kelly murió unos meses después de la visita a su médico. Su mujer publicó de forma póstuma sus memorias, *Momentos perfectos*, un libro que me ha influido durante muchos muchos años.

Me inspiró para no posponer las experiencias que alegrarían a las personas a las que más adoro (programo las vacaciones familiares con un año de antelación y después adapto todo lo demás a esos planes no negociables). Y para no retener el amor que guardaba en mi corazón a la espera de un momento mejor en el futuro. No te imaginas cuántas celebridades a las que aconsejo me han dicho que una de las cosas de las que más se arrepienten es no haberle dicho a un ser querido cuánto lo querían antes de que falleciera. No dejes que te suceda.

El buen ejemplo de O'Kelly me animó a llevar a mi familia a nadar con delfines en Mauricio, a saborear esponjosos cruasanes de chocolate con mis hijos en París (después de un viaje nocturno en tren bajo el Canal de la Mancha), a aprender de un chef italiano cómo hacer el magnífico *pici al pomodoro* que tanto les gusta a Colby y Bianca, y a pasar largos días de verano navegando por los mares sin teléfono solo para estar presente con los seres humanos que más me importan.

Piensa en cuántas palabras dejamos sin decir, acciones sin hacer y gestos de bondad sin regalar porque esperamos el momento ideal, un momento menos agitado, más tranquilo y de alguna manera más perfecto.

Pero el tiempo no espera a nadie. Empieza a crear momentos perfectos para tus seres queridos. Hoy.

60

Regalar para recibir no es regalar

Para forjar relaciones humanas más profundas y que tu vida sea más plena, fantástica y libre, recuerda esta regla: hacer un regalo con la expectativa de recibir una recompensa no es regalar, es hacer un intercambio.

La otra noche estaba en un restaurante disfrutando de una deliciosa cena con un grupo de amigos. En la mesa de al lado había un grupo de turistas.

Parecían una familia numerosa y bien avenida charlando y riéndose. Con el rabillo del ojo vi que cuando llegó el momento de pedir la comida y el vino, el caballero sentado a la cabecera de la mesa dudó. Entonces echó un vistazo a lo que estábamos comiendo nosotros y a continuación pidió casi lo mismo.

Cuando llegó la botella de vino, me miró con una sonrisa amable y me dijo: «Parece que sabéis qué hay que pedir aquí, así que os he copiado».

Le devolví la sonrisa. Me cayó bien al instante y mantuvimos una conversación fabulosa que fue pasando de sus reflexiones sobre su carrera profesional como ejecutivo de marketing en la ciudad de Nueva York a las maravillas de la comida local, las alegrías que proporciona la familia y la inspiración que brinda el arte moderno.

Al rato le pedí al camarero que me hiciera un favor especial: regalarle a mi nuevo amigo de mi parte una botella del vino que compartíamos en nuestra mesa. Verás, aunque él había pedido el mismo vino, el año que habíamos pedido nosotros era diferente, y se sabía que había sido una cosecha espléndida.

Cuando le llevaron el regalo, se quedó atónito. Vi que se quedaba sin palabras. «Uau, muchas gracias», me dijo en tono afectuoso. Cuando le expliqué que para mí era un placer, se emocionó. Y su familia empezó a aplaudir. Sí, aplaudieron el gesto de nuestra mesa.

Lo que quiero decir es que hice el regalo sin esperar nada a cambio. Regalar con la expectativa de recibir una recompensa no es regalar, es hacer un trueque.

Y recuerda también que la generosidad no solo hace feliz al que la recibe. También te inunda de una alegría casi ilimitada. Así que ambos seres humanos os enriquecéis.

61

El mal comportamiento de los demás
no es asunto tuyo

Si una persona te decepciona o te hace daño, es cosa suya, no tuya.

Es ella la que pierde su reputación, se pierde el respeto y degrada su autoestima. Cada vez que una persona se porta mal con otra se falta el respeto a sí misma, ¿sabes? A nivel inconsciente, su mal comportamiento hace que su vergüenza crezca, que sus sentimientos de indignidad aumenten y que la conexión con su yo superior se debilite aún más.

No has hecho nada malo, así que ¿por qué castigarte por ello? Vives tu verdad, eres firme en tus valores y tratas bien a los demás. El buen karma será tu recompensa y la paz interior será tu pago.

Deja en paz a los que se comportan mal. Y déjales recorrer el camino que tengan que recorrer. Si les permites que arruinen tus días y contaminen tu paz, han ganado.

62

Escucha mejor de lo que hablas

Los adultos somos niños deteriorados. De niño tenías curiosidad. Y vivías el momento. Y eso te convertía en un oyente increíble (la mayoría de las veces).

Las redes sociales nos han entrenado para convertirnos en emisores en lugar de en receptores. Anunciamos sin descanso en internet lo que estamos haciendo, compartimos nuestra imagen y expresamos lo que tenemos en mente. Yo. Yo. Yo.

¿El resultado? En las interacciones humanas reales hacemos lo mismo. Hablamos más de lo que escuchamos. Y nos centramos en nosotros mismos. Yo. Yo. Yo. ¡Qué aburrido! Y quizá incluso grosero.

Hoy te escribo este mensaje desde Roma, una ciudad que hace cantar a mi espíritu. Es diciembre en la Ciudad Eterna, así que hace frío, al menos un poco.

Estoy trabajando en la cama. En mi habitación suena música country. La canción es «Second Chance» de 49 Winchester. Siento las buenas vibraciones. Estarías feliz tomándote un expreso aquí conmigo.

Estoy releyendo uno de mis libros favoritos del pasado: *Martes con mi viejo profesor*. Mientras leo sobre la honestidad, la integridad y la extraordinaria amabilidad de Morrie, me entristece que ya no esté aquí.

Rezo por ser aunque solo sea una pequeña parte del gran hombre que fue él.

En un capítulo se cuenta que Morrie, un profesor universitario al que le encantaba bailar y enseñar sociología a sus alumnos antes de sufrir la terrible enfermedad de la ELA, era un oyente magistral.

Me he detenido y he pensado en el poder de este magnífico hábito.

Escuchar a otro ser humano. Plenamente. Completamente. De verdad.

Habitamos un mundo de seres humanos que no pueden quedarse quietos. Que siempre están haciendo algo. Que no dejan de intentar conseguir algo. Que no pueden dejar de hablar.

Pero escuchar a otra persona desde lo más profundo de tu alma es darle una bendición y me atrevo a decir que ofrecerle un acto sagrado. Mostrarle a alguien que te importa en una época de indiferencia, honrar su presencia y confirmarle que es importante es un ejercicio de gracia.

Una vieja idea que vale la pena compartir: si tuviéramos que hablar el doble de lo que escuchamos, habríamos tenido dos bocas y una oreja, ¿verdad?

Algunas reglas rápidas para convertirte en un mago del superpoder de escuchar, clave en las relaciones:

- No interrumpas a los demás. Y deja de terminar sus frases. Están haciendo lo posible por terminarlas ellos mismos.
- Ten en cuenta que quien hace las preguntas es quien enriquece la conversación.
- Confía en que la persona que escucha es la que aprende, así que escucha más.
- Espera unos segundos después de que tu interlocutor haya hablado para procesar lo que ha dicho. Muchos pensamos en nuestra respuesta mientras la otra persona habla. No es bueno. Deja de hacerlo.
- Y nunca nunca nunca mires o contestes el teléfono mientras un familiar o amigo está sentado frente a ti, porque es una de las cosas más irrespetuosas que pueden hacerse.

Los mejores comunicadores son oyentes espectaculares. Y pocas cosas hacen que un familiar, un amigo, un compañero de trabajo o un desconocido se sienta más visto, valorado y aplaudido que ser escuchado.

Perdona que te deje, pero tengo que dar un largo paseo hasta la piazza Navona y después ir a comer con mi perspicaz, interesante y compasivo amigo Luigi. Lo quiero mucho y no debo llegar tarde.

Recuerda que nuestro mundo es tu familia

Para que tu vida sea más rica es importante mantener la perspectiva.

¿Sabías que en nuestra galaxia hay mil millones de planetas rocosos bastante parecidos a la Tierra? Cada uno de ellos orbita alrededor de un sol, como nuestro planeta. ¿Qué quiero decir? Muy fácil, amigo mío. La Tierra es un lugar pequeño. Todos los seres que la habitan, de diversos países, culturas, credos y colores, navegan juntos por el espacio en esta esfera milagrosa.

Aquí todos somos hermanos. Miembros de una tribu llamada personas y una familia llamada seres humanos. Cuando éramos jóvenes, no juzgábamos, nos oponíamos ni condenábamos a los demás por ser diferentes. No, cuando conocíamos a un niño en el parque, nos poníamos a jugar con él de inmediato, y diez minutos después presentábamos nuestro nuevo mejor amigo a nuestros padres.

¿Qué es lo que quiero decir para concluir nuestro tiempo juntos en la tercera forma de riqueza? Nos programan para que sintamos aversión, nos entrenan para que desconfiemos y nos educan para que odiemos. Quizá hoy sea el día en el que aflojes un poco tu coraza para que pueda entrar más amor. Porque en el planeta Tierra nuestro mundo es de verdad tu familia.

LA CUARTA FORMA DE RIQUEZA

Trabajo

*El hábito del trabajo como plataforma
para tus propósitos*

El deseo de crear es uno de los anhelos
más profundos del alma humana.

Dieter F. Uchtdorf

La cuarta forma de riqueza

Trabajo / Breve resumen

Una de las mayores necesidades humanas es dar sentido a las cosas. El exceso de trabajo puede hacer que nuestra salud se resienta, que nuestras relaciones se deterioren y que nuestra vitalidad se atenúe, lo que provocará que perdamos la imprescindible conexión con nuestra creatividad, nuestra positividad y nuestro sentido de libertad personal innatos. Pero el sabio equilibrio entre el trabajo que desempeñamos y el compromiso de hacerlo lo mejor posible (para honrar nuestros talentos y ofrecer un valor profundo a otros seres humanos) es una manera audaz e inteligente de crear una vida con sentido que pueda calificarse de rica.

El trabajo solo es trabajo cuando lo vemos como tal. Y solo se convierte en desgracia cuando pasas por alto la oportunidad de perfeccionarte. Darte cuenta de que todo trabajo es importante, de que toda labor tiene una profunda dignidad y de que lo que haces para ganarte la vida puede considerarse tu arte (y descubrirte fortalezas personales ocultas y dones escondidos) inundará tu vida de felicidad, energía y sentido. Es lo que deseo para ti en esta época en la que demasiadas personas buenas no soportan su trabajo.

La mayoría de nosotros vemos el trabajo como una atadura más que como una ofrenda y una bendición. En realidad tu trabajo es una oportunidad de generar ingresos que pongan comida en la mesa, una posibilidad de hacer realidad tu potencial innato, una circunstancia en la que impulsar proyectos sorprendentes en tu sector y una llamada a contribuir a tu comunidad.

Sí, tu trabajo es una moneda muy valiosa y una brillante forma de riqueza que la sabiduría exige que valores más, así que empecemos a analizar juntos el asombroso poder de transformar tu trabajo en tu arte.

64

La buena monja de la iglesia rural

Ayer salí a caminar. Sabes que me encanta caminar.

Pasé por delante de olivares, caballos tranquilos y viñedos con vides viejas y hojas que se mecían con la brisa. Pasé junto a un burro que se me quedó mirando.

Llevaba bastante avanzado el manuscrito de este libro y necesitaba cambiar la habitación de mi casa en la que suelo escribir por un lugar nuevo, así que alquilé una habitación sencilla en un pueblo cerca de un monasterio.

Mientras avanzaba por el antiguo y sinuoso camino, absorto en mis pensamientos, me encontré con una pequeña iglesia de piedra. Era maravillosa. Creo que habrías estado de acuerdo si hubieras dado ese paseo conmigo.

La puerta de la iglesia estaba abierta, una señal de bienvenida, de modo que entré. Al fondo vi a una monja tocando un órgano clásico. Cantaba con una convicción sincera que rozaba lo glorioso. Y una pureza poco frecuente en esta época hastiada, polarizada y desordenada en la que vivimos.

La cuestión es que la pequeña iglesia de piedra estaba completamente vacía. Aunque no había nadie más, la mujer cantaba como si estuviera en un estadio ante miles de personas.

Me senté en un banco, a corta distancia de la santa hermana. Cerré los ojos. Escuché su preciosa canción sin hacer un solo movimiento. Hipnotizado.

Lloré. Solo un poco. Me sentí vivo. Regocijado. Incluso un poco privilegiado. «¿Por qué?», te preguntas.

Por ese momento. Y por la exquisita belleza de la escena, de un ser humano mostrando de todo corazón algo que me tocaba tan intensamente: la devoción.

Así que, como tu amable mentor a distancia que de verdad te apoya, te sugiero, con toda humildad, que para llegar a tu siguiente nivel de creatividad y alcanzar alturas más elevadas como artesano que te permitan ascender a la cuarta forma de riqueza...

- te dediques a tus esperanzas, tus ideales y tu poderosa misión.
- te dediques a hacer cosas coherentes y buenas con maestría.
- te dediques a tener un carácter limpio y un corazón rico.
- te dediques a los hábitos ganadores de los campeones y a las rutinas diarias de la excelencia.
- te dediques a aumentar tu relación con los demás y a hacer que se sientan más grandes en tu presencia.
- te dediques a hacer lo necesario para llegar a ser muy bueno en tu forma de ganarte la vida.
- te dediques a dejar la Tierra mejor de lo que la encontraste.

No seas tan lógico que no veas la magia

Me molesta (aunque en realidad no tanto) cuando las personas están tan atrapadas en su cabeza que no sienten el corazón. ¿Cómo vas a impulsar el asombro en el mundo si estás bloqueado para experimentarlo? Asombrarse es fundamental para que crezca esta cuarta forma de riqueza, el trabajo. De verdad lo es.

Quizá crees que lo que digo no tiene sentido, así que permíteme volver a intentarlo.

Una de mis películas favoritas es *Almas en pena de Inisherin*, porque es divertidísima, peligrosa y hermosa. Y absolutamente mágica.

Trata de un hombre que ya no quiere que su mejor amigo lo siga siendo. Su exmejor amigo se niega a aceptarlo. Y así, con la intención de mantenerlo alejado, el hombre decide cortarse un dedo cada vez que su exmejor amigo va a verlo. Gracioso, ¿verdad?

Leí una reseña de la película que decía: «No he podido soportarla porque todo era inverosímil». ¿En serio? ¿Desde cuándo la genialidad de una película depende de su verosimilitud?

¿Qué ha pasado con el carácter juguetón y la capacidad de asombrarnos y maravillarnos que teníamos de niños en este periodo de seriedad, cientificidad y matematicidad (¿existe esta palabra?)?

Las palabras de Steven Pressfield, el brillante autor de *La guerra del arte*, salieron a la superficie de mi subconsciente mientras escribía este capítulo y te rogaba que no te aferraras demasiado a una realidad creativa limitada:

> Los niños no tienen problemas para creer lo increíble, y tampoco los genios y los locos. Solo tú y yo, con nuestro gran cerebro y nuestro pequeño corazón, dudamos, pensamos demasiado y titubeamos.

Eres un trabajador mágico, al que (los gigantes de tu grandeza innata) pagan y desafían para que impulses proyectos especiales en nuestra cansada, cínica e irrealmente lógica cultura. Recupera tu osadía. Suelta las riendas que te ha colocado el *statu quo* (vendiéndote una filosofía sobre lo posible, lo encomiable y lo necesario). Vuelve a soñar. Fracasa a menudo. Asume riesgos audaces. Hazte daño. Después levántate (más fuerte y heroico) y continúa. El éxito de tu trabajo depende de ello.

La máxima de que la suerte no se tiene, se hace

He estado en una entrevista en Dubái con Virgin Radio antes de escribirte este mensaje en una libreta que uno de mis queridos lectores me regaló en una firma de libros. El fantástico entrevistador, que ha sido muy amable conmigo, me ha preguntado:

—Robin, ¿todo sucede por suerte o es lo que hacemos lo que genera la suerte?

—Sí —le he contestado. Solo «sí».

Es decir, ambas cosas. Creo mucho en la absoluta responsabilidad personal. Debemos levantarnos temprano, desarrollar nuestro yo más fuerte y valiente, y cumplir nuestras promesas. Debemos trabajar duro (muchas personas fingen hacerlo, pero pretenden conseguir los mejores resultados, y eso no funciona), ofrecer un valor superior a los que cuentan con nosotros, animar a nuestra familia, tomarnos tiempo para la distracción saludable y hacer lo que nos corresponde para tener un impacto positivo. Todo esto es clave para ganar en el mundo.

A las personas que hacen cosas buenas les suceden cosas buenas. En especial a las que hacen su trabajo de todo corazón, de verdad les importa y se dedican a marcar la diferencia, incluso y sobre todo cuando quienes les rodean son ciberzombis que escapan al universo digital en lugar de estar aquí y ahora. Verás, amigo mío, en realidad no tenemos suerte. La suerte la hacemos. El curso de tu vida depende en gran parte de ti.

Dicho esto, también creo en el destino. Creo que un par de manos invisibles guían nuestro viaje, están detrás de casos de sincronicidad y nos protegen en los periodos de adversidad. Es solo lo que creo. Puede que tú no, y me parece bien. Mi sensación es que el cielo ayuda a quienes se ayudan a sí mismos. Lo que en realidad intento recordarte, con amor y respeto, es que hagas todo lo que puedas y después dejes que la vida haga el resto.

Si algo no va bien (como perder el trabajo o terminar una relación), no caigas en la trampa del autoengaño. No te quejes, no culpes a nadie y no busques excusas. Analiza con sinceridad en qué medida eres responsable de esa pérdida. Y mejora lo que tengas que mejorar para que no siga sucediendo. En eso consiste la absoluta responsabilidad personal. Y es imprescindible para ser una persona eficaz y rica de verdad.

No seas como quien tropieza en una relación tras otra y dice: «¿Por qué yo no encuentro a personas excepcionales?».

Tras haber insistido en la importancia de la absoluta responsabilidad personal, en cuanto te hayas mirado al espejo y hayas asumido la parte que te corresponde, déjalo correr. Y confía en que si estuvieras destinado a estar, en tu propio interés, donde desearías estar, estarías ahí, no sé si me entiendes. Y si no estás donde esperabas estar, te aguarda algo aún mejor.

Ejercita tu sabiduría innata para saber que un fracaso solo es un fracaso cuando lo ves como un fracaso. Cada supuesto fracaso conlleva una fortuna secreta que te ruega que le prestes atención.

Lo que más me ha ayudado a crecer han sido mis experiencias más trágicas. Mientras las soportaba, deseaba que terminaran. Ahora, cuando ya ha pasado el tiempo, veo que llegaron para ayudarme a disolver mi ego, elevar mi sabiduría, crear intimidad con mis dones y abrir el corazón a un amor mayor. Te animo a no desperdiciar un momento difícil. En realidad, por extraño que parezca, quédate en él el mayor tiempo posible, porque el crecimiento que puedes obtener no tiene precio.

Y, pensándolo bien, agradezco no haber conseguido todo lo que quería, porque el rumbo de mi vida ha acabado siendo mucho más brillante. Lo mismo puede decirse de ti.

67

Haz una lista de las cosas que quieres dejar de hacer

La mayoría de nosotros tenemos una lista de tareas pendientes. Cuando era un joven abogado, me organizaba la vida en función de ellas. Lo tenía todo anotado y seguía la lista con precisión militar. No era muy divertido, pero conseguía hacer muchas cosas.

La lista de tareas pendientes que muchos de nosotros solemos hacer incluye compromisos laborales, reuniones de equipo, pagos de facturas, alimentos que comprar y eventos sociales.

Está bien, muy bien. Sigue así si te funciona. Pero me gustaría contarte algo que ahora hago de manera diferente y que me resulta muy útil: una lista de cosas que quiero dejar de hacer. Verás, una vida (y una carrera profesional) excelente tiene mucho más que ver con lo que decides dejar de hacer que con lo que te has prometido empezar a hacer.

Tu lista podría incluir la decisión de:

- Dejar de comparar tu vida real con las vidas falsas que se fabrican (con filtros y demás) en internet.
- Dejar de comprar cosas que en realidad no necesitas y entender que ser frugal es muy inteligente en una época de *influencers* que te animan a comer en restaurantes caros, comprar ropa de lujo y viajar a lugares que no pueden permitirse.

- Dejar de aceptar todas las invitaciones sociales que se te presenten porque tienes una adicción profundamente arraigada a agradar.
- Dejar de estresarte por problemas que no son reales y de preocuparte por cosas que es probable que nunca sucedan. «Recuerda que hoy es el mañana que te preocupaba ayer», dijo Dale Carnegie.
- Dejar de quejarte de lo imposible que es la tarea que tienes entre manos y empezar a trabajar. (Las obras maestras se hacen paso a paso; ¿recuerdas la Gran Pirámide de Guiza que hemos comentado en sesiones anteriores?).
- Dejar de decir que sí a oportunidades de negocios a las que deberías decir que no.
- Dejar de perder las mejores horas de tus días en diversiones superficiales y distracciones digitales.
- Dejar de ofrecer menos que tu mejor esfuerzo a todo lo que haces en tu trabajo.
- Dejar de seguir al grupo y empezar a liderar.
- Dejar de mirar el móvil cuando es el momento de crear y dejar de charlar cuando es el momento de producir.

Solo tienes esta vida. Tu felicidad, tu salud, tu grandeza y tu riqueza dependen de que emplees bien tus días, así que deja de centrarte en las cosas que debes hacer y empieza a tener una idea más clara de lo que debes eliminar de tus horas. La maestría tiene mucho más que ver con la búsqueda de la simplicidad que con la seducción de la complejidad. Y una vida significativa y satisfactoria a veces depende más de lo que sacas de ella que de lo que pones en ella.

Evita la mentira de que nadie se dará cuenta

El verdadero héroe de Steve Jobs fue su padre adoptivo, un gran artesano que en su tiempo libre fabricaba muebles en los que cuidaba hasta el menor detalle. De niño, Jobs lo observaba midiendo la madera con gran precisión, alineando las esquinas de forma casi obsesiva y centrándose como un maniaco en hacer un trabajo excelente.

Un día, su padre le pidió que pintara la valla de su casa y él lo hizo. Al cabo de unas horas apareció su padre.

—Steve, ¿has pintado la valla?

—Sí, papá, mira —dijo el joven Jobs señalándola.

Su padre revisó el trabajo con atención y observó:

—Steve, has pintado muy bien la valla por fuera, pero no la has pintado por dentro.

—Pero, papá, nadie va a ver la valla por dentro —replicó Steve.

Su padre sonrió y dijo:

—Hijo, la veremos nosotros.

Muchos años después Jobs trabajaba con su equipo de diseño en el primer Macintosh de Apple. ¿Sus instrucciones para su grupo? Hacer que el ordenador fuera bonito por fuera. Hacer que pareciera especial, maravilloso y sensacional. Pero su verdadera misión era que el interior de la máquina fuera una obra de arte.

Un miembro del equipo comentó:

—Pero, Steve, nadie verá el ordenador por dentro.

Y, por supuesto, Jobs le contestó:

—Nosotros lo veremos.

Hagas lo que hagas en el trabajo, la parte más valiente y sabia de ti ve todo (y me refiero a todo) lo que haces. Y cada vez que traicionas tu grandeza haciendo algo que sabes que no respeta tu genio, una pequeña parte de ti muere. Una parte de ti pierde el respeto por ti mismo. Parte de tu entusiasmo, tu optimismo y tu esperanza te abandona. Cada acto mediocre hace que tu promesa sea derrotada. Y los potenciales no expresados se convierten en dolor.

Así pues, cuando no te apetezca sacar el máximo partido de tus dones o de tu magia personal, recuerda que siempre hay alguien observándote. Y ese alguien siempre es tu yo más elevado.

69

Llévate a un vigilante de seguridad al trabajo

En un pódcast que escuché hace tiempo descubrí que el escritor Neil Strauss toma una medida peculiar aunque creativa para asegurarse de que va a terminar un gran proyecto. Contrata a un vigilante de seguridad con la instrucción de que se quede fuera de su casa y bajo ningún concepto lo deje salir hasta que haya terminado su libro.

Puedes divertirte todo el tiempo o desarrollar tu potencial personal, pero no es posible hacer ambas cosas a la vez, ¿verdad?

Como Strauss, es imprescindible que desarrolles estrategias y protocolos que te obliguen a terminar el trabajo que sabes que debes terminar para liderar en tu campo y hacer del mundo un lugar más amable porque has puesto tu arte en ello.

Seguramente no te llevarás a un vigilante de seguridad al trabajo, pero deberías hacer algo drástico para terminar tu proyecto más valioso.

Antes de que desaparezca la oportunidad de hacerlo.

70

Utiliza el algoritmo virtuoso

Si estuvieras sentado frente a mí y me pidieras que resumiera en una sola fórmula lo que hace grandes a los mejores ejecutivos, multimillonarios, emprendedores, deportistas profesionales y equipos de liderazgo, esta es la que te ofrecería:

$$\frac{CRECIMIENTO \times PRÁCTICA \times MAESTROS \times RELACIONES}{RESILIENCIA + LONGEVIDAD} = MAESTRÍA$$

Sí, esto es exactamente lo que te anotaría en una servilleta.

«Crecimiento» significa que debes estudiar y perfeccionar tu trabajo por encima de la media en tu campo para que sepas que estás a la altura de los mejores.

La «Práctica» consiste en dedicar horas de entrenamiento que te permitan conseguir el rodaje necesario para capitalizar y convertir tus talentos innatos en actos geniales.

«Maestros» alude a conseguir mentores fantásticos que te ayuden a mejorar tu capacidad de concentración y te eviten perder años haciendo cosas equivocadas.

Y «Relaciones» se refiere a las personas de las que te rodeas. Pasa la mayor parte de tus días con las que se dedican a convertirse en excelentes en su campo y te contagiarán su energía, su maestría, su audacia y su ética del trabajo.

El denominador de la fórmula tiene dos palabras importantes que te invito a considerar. La «Resiliencia» es la capacidad de convertir el fracaso en combustible y los obstáculos en peldaños. La mayoría de las personas se dan por vencidas enseguida, de modo que su visión inspiradora no recibe ningún impulso. La fortuna favorece a los incansables. Recuérdalo. Y la «Longevidad» es la idea básica pero importante de que el éxito se consigue quedándose en el juego más tiempo del que el mundo considera razonable, responsable y racional. Para llegar a ser el mejor del mundo debes sobrevivir a tus iguales. Y la clave para ser legendario es prolongar tu vida en tu ámbito.

Mi último pensamiento en este mensaje es insistir en que confíes en los susurros silenciosos que te llegan en los momentos más inesperados y te instruyen sobre la empresa que debes acometer para descubrir la altura de los poderes que te iluminan. Este es precisamente el proyecto que, una vez realizado con concentración, cuidado y coraje, también iluminará el mundo.

«Una persona debería aprender a detectar y observar el destello de luz que le ilumina la mente desde dentro, más que el brillo del firmamento de bardos y sabios. Sin embargo, descartamos nuestro pensamiento y no lo tenemos en cuenta porque es nuestro. En toda obra de genio reconocemos los pensamientos propios que hemos rechazado: vuelven a nosotros con cierto esplendor lejano», escribió el gran filósofo Ralph Waldo Emerson.

Ahora tómate cinco minutos para reflexionar sobre estas palabras. Tu intuición es extraordinaria y tus percepciones son sólidas. Ignora a los resentidos y pasa por alto a los que te critican. Avanza en tu trabajo y sin duda experimentarás las alegrías, las satisfacciones y los tesoros en general desconocidos de tratar tu trabajo como un arte, la cuarta forma de riqueza.

71

Aprender es tu superpoder

Una mente cerrada nunca eleva el mundo. Y una persona excepcional que deja de crecer, optimizar y evolucionar constantemente en su campo decae, a menudo sin saberlo (hasta que es demasiado tarde). Lo que nos lleva al poder del aprendizaje, fundamental para la misión.

La educación es una vacuna contra la disrupción. Y gana el creador que más aprende.

Durante muchos años he enseñado un principio fundamental a mis clientes multimillonarios, directores ejecutivos y líderes de movimientos, que llamo «la actitud 2×3×». Te ayudará a mejorar tu dominio en cualquier campo en el que quieras liderar. Aquí está: para duplicar tus ingresos y tu impacto, triplica tu inversión en dos áreas centrales: tu maestría personal y tu capacidad profesional.

Demasiadas buenas personas sufren porque tienen la limitada creencia de que el genio es un don divino, no una práctica diaria. Mozart necesitó diez años de concentración diaria, práctica y perseverancia para que se pusieran de manifiesto los primeros signos de su maestría. Jane Goodall, la venerada científica especialista en primates, estudió los chimpancés durante décadas antes de expresar su excepcionalidad. Einstein trabajó como empleado de correos y se esforzó en el anonimato durante años antes de llegar a la teoría general de la relatividad, que revolucionó la comprensión de la física. Aristóteles Onassis llegó a Buenos Aires, tras un peligroso viaje desde

Grecia en un transatlántico, con solo sesenta dólares en el bolsillo antes de embarcarse en el largo viaje de construir empresas y adquirir el poder que lo convirtió en el magnate más rico de su época.

Cada una de estas personas empezó poco a poco, aprendió lo que necesitaba aprender para ganar y nunca dejó de mejorar su arte. Por simple que parezca, su fórmula ganadora fue que siempre quisieron autoeducarse para mejorar.

Y entiende que si piensas «No puedo convertirme en una figura destacada en mi campo», o «Las superestrellas están hechas de un polvo de estrellas diferente del mío», o «Los mejores han sido bendecidos con talentos singulares que yo no tengo», en lugar de saber que la genialidad en una labor procede de la maravillosa alquimia de la concentración, el aprendizaje, la práctica, la orientación, la ejecución, la persistencia y el paso del tiempo, entonces ese pensamiento defectuoso acabará convirtiéndose en una creencia subconsciente que te limitará. En otras palabras, si te cuentas una historia psicológica que dice: «Estoy en la media, así que debo funcionar de manera normal», se manifestará como tu realidad, porque tu comportamiento diario siempre refleja tus creencias más profundas.

Limitar el pensamiento siempre crea un programa defectuoso que escribe una historia que después se convierte en tu identidad. Esta determina a su vez cómo te muestras cada día. Sí, tu pensamiento es una profecía autocumplida. Y lo que crees sobre tu potencial se vuelve real.

La respetada psicóloga Carol Dweck ha descubierto en sus rigurosas investigaciones que las personas que hacen mejor las cosas tienen «una mentalidad de crecimiento», no una mentalidad fija. En otras palabras, ven las oportunidades de tal manera que saben que si no tienen una habilidad, pueden aprenderla. Y si quieren dominar un tema, practicar y esforzarse las ayudará a conseguirlo.

Las personas que deciden funcionar con una mentalidad de crecimiento tienen poder sobre su vida y la profunda comprensión de que todos los seres humanos pueden ser mejores cada día aprendiendo lo que deben hacer y después haciendo lo necesario para mejorar, en lugar de esperar a que las estrellas se alineen.

Estudia. Estudia. Estudia. ¡Y lee, lee, lee! Conozco pocas otras inversiones que ofrezcan la tasa de rendimiento exponencial que ofrece un buen libro. Por poco dinero puedes entrar en la mente de las personas más importantes que han existido. Puedes descubrir sus filosofías, adoptar sus hábitos diarios, entender cómo crearon sus obras maestras, descubrir cómo superaron la adversidad e inspirarte en los caminos que siguieron.

La víctima dice que el rendimiento de élite es demasiado difícil y por eso desperdicia valiosas horas frente a su gran televisor. La superestrella entiende que la maestría exige estudio, esfuerzo, paciencia y dedicación. Y dedica mucho tiempo a crear una gran biblioteca.

«En toda mi vida no he conocido a ninguna persona sabia que no leyera todo el tiempo. Ni una», comentó el famoso inversionista (y socio de Warren Buffett) Charlie Munger. Hermosas palabras, ¿verdad?

72

Desarrolla la pasión por los libros

Perdona, pero no dejaré de animarte a leer más libros, porque quiero que llenes de ellos tu mente, tu corazón y tu casa. Estar rodeado de sabiduría, de montones de textos (sí, me gustan más los de papel), es una de las mejores cosas de la vida. Al menos para mí. Y estoy casi seguro de que también para ti.

Aquí tienes una lista rápida de algunas de las razones para leer al menos una hora al día (durante el resto de tu vida):

Razón 1: Leer, en una época de algoritmos de internet que te ofrecen información sesgada, te permite dar el revolucionario paso de pensar por ti mismo. Consumiendo contenido de muchos autores (de diferentes opiniones) puedes sacar tus propias conclusiones sobre los temas que te interesan. Y evitar operar en una cámara de resonancia mediática.

Razón 2: Leer te ayuda a profundizar en una cultura que se ha vuelto ligera. En lugar de consumir información digital a través de mensajes de una línea y vídeos de diez segundos, sumergirte en un libro (en especial si es difícil de leer) desarrolla los músculos que te pueden convertir en un pensador sólido. Y esta habilidad te permitirá a su vez la gigantesca ventaja competitiva de ser una de las pocas personas con fortaleza mental para resolver problemas difíciles.

Razón 3: Leer amplía el tiempo de atención en un entorno en el que la mayoría sufre la profunda debilidad de no poder concentrarse. Todos los genios desarrollan niveles supremos de concentración, lo que los lleva a entrar durante interminables horas en un estado de flujo en el que acceden a ideas casi mágicas que acaban haciéndolos legendarios.

Razón 4: Leer aumenta tu base de conocimientos, lo que te ayuda a introducir más magia en el mercado. Aumentar tu conocimiento también reduce la cantidad de errores que cometerás, porque aprovechas la sabiduría de los gigantes a los que estudias. Esto significa menos pérdida de tiempo, menos dolor personal y muchas menos dificultades.

Razón 5: Leer eleva tu inspiración. No puedes inspirar a tus seguidores, tus clientes y tu sector si tu fuente de inspiración está vacía. Una excelente manera de mantenerte optimista, entusiasta y rebosante de energía positiva contagiosa es leer obras de hazañas heroicas. Lee las biografías de aventureros que escalaron las cimas más altas y exploraron desiertos desolados. Estudia las autobiografías de inventores que superaron los obstáculos y de emprendedores que trascendieron los límites comunes. Asóciate con los grandes hombres y mujeres de la historia que liberaron naciones cautivas, lideraron movimientos mundiales y representaron lo mejor que puede ofrecer la humanidad leyendo sus vidas y avanzando por las páginas de sus libros.

Podría enumerar muchas más razones por las que quiero que leas todo lo que puedas encontrar y que pases páginas en lugar de mirar vídeos divertidos (que a menudo te hacen sentir intelectualmente más vacío y espiritualmente más pobre que antes de empezar).

Lo diré de nuevo porque de verdad me importa tu ascenso: ¡lee a diario! ¡Lee a diario! ¡Lee a diario!

73

La ley del gran maestro principiante

Antes de sentarme a escribirte este mensaje en la desordenada habitación en la que trabajo, he dado un paseo por el bosque con SuperChum. Para mi sorpresa, una cierva de cola blanca ha aparecido entre los árboles y se ha cruzado en mi camino. ¡Ha sido mágico! ¿Sería una señal?

En fin, dejemos este tema y pasemos a la lección que deseo compartir contigo hoy para que tu positividad, tu productividad, tu liderazgo y tu servicio a la sociedad puedan elevarse.

Y es la siguiente: La clave de los grandes maestros es que siempre piensan como principiantes.

Es un buen mantra sobre el que meditar, escribir y trabajar a conciencia.

Demasiadas personas muy productivas y de alto rendimiento alcanzan la cima y de repente empiezan a pensar que lo saben todo o que son invencibles y nunca podrán derribarlos de su elevada posición. Y esta mentalidad es el principio del fin, por supuesto, porque la maestría sin humildad engendra mediocridad.

Kobe Bryant, en su momento de máximo esplendor y en la cima de su carrera profesional, solía presentarse en el gimnasio al amanecer. Sin excusas. Sin quejas. Sin ampararse en que era una superestrella y podía hacer lo que quisiera para saltarse el entrenamiento.

Aunque era un maestro, se comportaba como un princi-

piante con ganas de aprender, obsesionado por mejorar y em-
peñado en crecer.

En el fascinante documental *El equipo redentor*, un juga-
dor del equipo olímpico de baloncesto estadounidense cuenta
que una noche sus compañeros y él estuvieron de fiesta en una
discoteca, divirtiéndose en la ciudad extranjera en la que se en-
contraban.

Después recuerda que al entrar en el vestíbulo del hotel,
vieron a Kobe con ropa de deporte y con una bolsa en la que
llevaba sus guantes de levantamiento de pesas. El sudor le corría por la cara porque había estado haciendo ejercicio. Los
miró fijamente.

Eran las cuatro de la mañana. (Supongo que el club de las
5 de la mañana empezaba demasiado tarde para él).

El ejemplo que Kobe dio ese día afectó a todo el equipo. Su
compromiso se volvió contagioso.

Muchos hablaron durante días sobre lo que vieron esa mañana, sobre la dedicación de Kobe Bryant, su amor por el baloncesto y su intenso deseo de ganar la medalla de oro olímpica.

¿Y sabes qué?

Al final de la semana, todo el equipo había quedado hipnotizado por su devoción. Estaban en el gimnasio poco después
del amanecer, haciendo el ejercicio necesario para alcanzar la
meta que querían (y la consiguieron).

Lo que quiero decir, con mucho amor y respeto, es esto:

- En el momento en que crees que eres intocable, empiezas
a decaer.
- El minuto en que das por sentado tu éxito es el momento
en que debes volver a centrarte en reafirmar tu labor, mejorar tus habilidades y optimizar el rendimiento que te
llevará a niveles aún más altos.
- El instante en que dejas de levantarte temprano, practicar, invertir en tu aprendizaje, esforzarte más y hacer lo
necesario para impresionar a cuantos te rodean (y honrar

tu promesa natural) es el día en que entras en el camino hacia la irrelevancia y sigues la senda de la obsolescencia.

Hace años me invitaron a hablar en una conferencia de liderazgo con Jack Welch, el ilustre exdirector de General Electric. Curiosamente, no se pasó el día en la *green room* codeándose con las celebridades ni bebiendo champán y charlando con personas influyentes en la sala VIP. No, en absoluto. Durante todo el evento estuvo en primera fila tomando notas de lo que los demás conferenciantes decíamos. Entendía que en el momento en que te consideras un experto, crees que ya lo has escuchado todo y te cierras a aprender nuevas ideas (y desarrollar mejores habilidades), porque has caído en la espiral mortal de pensar que lo sabes todo.

Su actitud mostraba la humildad que sustenta la maestría que al final engendra la inmortalidad. Esto es lo que humildemente deseo para ti.

74

Haz tu proyecto X

El Taj Mahal. «Nessun dorma» de Pavarotti. Una comida en Cal Xim, en el Penedès. *El nacimiento de Venus* del pintor Sandro Botticelli. El sistema secreto de comunicación inventado por Hedy Lamarr. El diseño de la corriente eléctrica alterna de Nikola Tesla. «Bohemian Rhapsody» del grupo de rock Queen. La Acrópolis de Atenas y el Coliseo de Roma.

Todas las obras maestras dan testimonio del ingenio (y la experiencia) de seres humanos que defienden las posibilidades y la excelencia en una época de creciente prosaísmo. (¿Cuándo fue la última vez que viste magia a tu alrededor?).

Recuerdo cuando llevé a mi madre a la Galleria dell'Accademia de Florencia. Nunca olvidaré su cara al entrar en la sala principal y ver el *David* de Miguel Ángel. Se quedó encantada con la belleza, la exquisita factura y las dimensiones de la obra maestra.

Lo único que te sugiero es que te conviertas en uno de esos productores extraordinarios y poco comunes que se niegan a perseguir toda oportunidad brillante que se les presenta y tienen la disciplina (y el coraje) de centrarse en una sola obra que cuando se refina, se ajusta, se pule, se optimiza y casi se perfecciona (aunque lleve mucho tiempo conseguir algo tan hermoso) deja al mundo boquiabierto.

Cada uno de nosotros tiene dentro una obra maestra. Una empresa grande y gloriosa que, al pensar en ella, nos llena de emoción, fascinación y la sensación de que nuestra vida importa.

Sí, lleva a cabo tu proyecto X.

Tu torre Eiffel. Tu *Mona Lisa*. Tu teoría de la relatividad. Tu penicilina. Tu Concorde. Tu Empire State. Tu *Guernica*. Tu *Titanic*. (Vale, quizá lo último no sea la mejor idea, pero ya me entiendes).

Siento que somos cada vez más amigos. Y los amigos son sinceros entre sí, por eso debo decirte lo siguiente: Nada es más doloroso que llegar al final de tu vida con tu singularidad petrificada dentro de ti.

Para vivir tu vida más rica debes hacer un examen de conciencia (¡ahora!) y empezar el proceso de descubrir la única empresa que, aunque tardes toda una vida en completar, será tu monumento a la mejor creatividad, la mayor productividad y la poesía absoluta que tienes dentro. No cien proyectos, ni cincuenta, ni veinte. No. ¿Cuál es la única iniciativa que tu corazón lleva tiempo diciéndote que debes poner en marcha para honrar tu grandeza interior?

Y en cuanto la descubras, empieza de inmediato.

75

El trabajo duro es buen trabajo

La empresa a la que más te resistes es la que más debes empezar a hacer. Con demasiada frecuencia pensamos que el proyecto que nos aterroriza es el que debemos evitar. No. Es el que debemos aceptar, porque los miedos a los que no nos enfrentamos se convierten en nuestros muros. Y las oportunidades de las que huimos nos roban el talento.

Además, recuerda que el trabajo más duro acaba siendo el mayor combustible para nuestra satisfacción. Es toda una paradoja, ¿verdad? Pero la verdad es que si haces cosas difíciles con constancia, te acostumbrarás a la brillantez, la fuerza y la bondad que en este momento aguardan dentro de ti sin que las estés aprovechando. Conocer estas partes que suelen permanecer ocultas produce una alegría duradera. El conocimiento de nuestro yo heroico nos proporciona una enorme felicidad. Y al resolver problemas difíciles, la satisfacción, el sentido y el propósito se convierten en nuestros compañeros. Por eso digo que dedicarte a tu trabajo con valentía (y esforzarte) es una forma de riqueza. Y una increíble fuente de riquezas en tu vida.

Hoy en día, en algunos círculos el trabajo duro tiene mala fama. Debemos descansar, recuperarnos y disfrutar de los frutos de nuestra labor, por supuesto, pero dedicarte por completo a las actividades profesionales con las que elijas comprometerte aportará una inmensa energía, seguridad en ti mismo, entusiasmo y tranquilidad a tus días. El hábito de trabajar duro funciona muy bien. Te dará una gran ventaja sobre las personas que dicen que quieren una vida rica, pero no van a hacer nada por conseguirla. Y hará tu vida mucho más especial.

Los primeros borradores siempre son malos

Ernest Hemingway dijo algo que me ha ayudado mucho como artista que siempre trabaja para mejorar lo que hace: «El primer borrador de cualquier cosa es una mierda». No me gusta decir palabrotas, pero tengo que citar con exactitud lo que escribió. Y es de suma importancia que entendamos lo que quería decir.

Cuando trabajo en un libro, me apresuro a terminar el manuscrito inicial. No me preocupo demasiado por la ortografía, por la técnica ni por encontrar el ajuste perfecto de las palabras. Solo me esfuerzo por plasmar las ideas principales.

De este modo me da la sensación de que el trabajo ya está casi hecho, aunque solo estoy en el principio. Psicológicamente me hace sentir que ya he terminado el trabajo pesado, aunque no es así. Después, en los siguientes borradores, elimino, reelaboro, corrijo y pulo el texto (una y otra y otra vez).

En *Pájaro a pájaro*, la escritora Anne Lamott cuenta la historia del consejo que su padre le dio a su hermano, al que le estaba costando terminar un proyecto sobre pájaros. Hazlo «pájaro a pájaro», le recomendó. Bonito consejo.

Lamott también dijo que los primeros borradores siempre son malos. Recuérdalo. Termina rápidamente la primera versión de tu proyecto X. Te dará impulso y la sensación de que la mayor parte del trabajo pesado ya está hecho. Después retómalo página a página, pincelada a pincelada o pájaro a pájaro. Ya me entiendes.

En cada nuevo borrador, añade y elimina. Mejora e insiste. Sigue haciendo pequeños cambios que conviertan un trabajo prosaico en magistral. Hasta que llegues al mejor resultado que tienes dentro de ti y puedas enviarlo a un universo que anhela tu magia.

Deja de copiar a tus héroes

«No me importa que me hayan robado la idea. Me importa que no tengan ninguna propia», dijo en cierta ocasión Nikola Tesla, el inventor que cambió el mundo. Por cierto, sus ideas y creaciones merecen mucho más reconocimiento del que reciben hoy en día. Como era mejor pensador que promotor, otros menos brillantes que él se han hecho más famosos.

En cualquier caso, en lo que me encantaría que pensaras a medida que aumentas tu creatividad, mejoras tu productividad y ajustas tu trabajo para dar más cabida a la cuarta forma de riqueza en tu vida es en el poco frecuente despliegue de originalidad.

Aquí tienes una máxima importante que debes tatuarte en el cerebro: Puedes copiar a tus héroes o puedes influir en tu sector, pero nunca podrás hacer ambas cosas.

A menudo las personas copian por escasez de recursos. Tienen miedo porque creen que no poseen suficiente creatividad para destacar, así que toman el camino más fácil y roban las ideas de los demás. O están tan desconectadas de la imaginación y el talento que residen en su interior que pasan por alto las instrucciones que les da su musa.

Otro concepto clave: el mercado recompensa la entrega de magia original. (Deja de leer y escribe esta frase en tu diario varias veces para que cale más hondo en tu entendimiento).

Tesla y Gaga. Da Vinci y Jobs. Alí y Jordan. Dickinson y Einstein. Todos tienen algo en común: aportaron un nuevo valor a su área de influencia. En lugar de seguir a la manada, pensar como la mayoría y encajar de forma pasiva, destacaron, llegaron a ser muy buenos en su trabajo y después compartieron su maestría con los demás.

Ah, y en cuanto empieces a ofrecer originalidad, innovación e invenciones asombrosas en tu campo, debes confiar en que el mercado responderá con lo que en mi metodología llamo «las tres recompensas de la maestría»:

Recompensa 1: Ingresos. Inspira, deleita y sirve a más personas, y recibirás un sueldo mayor, porque el dinero es una consecuencia de los problemas resueltos y de la ayuda brindada.

Recompensa 2: Influencia. Cuanto más te centres y tengas la sabiduría y la capacidad de ejecución para sacar a la luz tu talento natural, más personas valorarán y aplaudirán tu experiencia. Lo que te proporciona la segunda recompensa de la maestría: el poder. Y la influencia.

Recompensa 3: Libertad. Sí, el tercer regalo que obtendrás al convertirte en un virtuoso es la libertad que fluye a medida que tus ingresos aumentan y tu influencia se expande. Podrás hacer lo que quieras, con quien quieras y cuando quieras.

¿La idea principal con la que debes quedarte antes de que te deje y me ponga a cocinar pasta con albahaca fresca, tomates maduros de nuestro huerto y un aceite de oliva tan maravilloso que me da ganas de subirme a un árbol y cantar? Deja de copiar a tus héroes. Nadie en el mundo puede crear y funcionar exactamente como tú. Así que, en lugar de trabajar duro para ser la segunda mejor versión de una persona a la que admiras, te recomiendo con todo el cariño que inviertas tus mejores horas de trabajo en convertirte en la mejor visión de ti mismo.

Sé amable

Destacar en el trabajo es muy fácil porque hoy en día muy pocas personas hacen las cosas que llevan a destacar en el trabajo. El éxito radica en una coherencia magistral con los aspectos fundamentales. Y muy pocos son muy buenos en lo básico, como hacer el trabajo con orgullo, cuidado y amabilidad con los demás. Aquí tienes un ejemplo para aclarar lo que quiero decir, quizá con un poco de humor.

Estaba en una gran ciudad norteamericana, dando un largo paseo bajo la lluvia (pasear bajo la lluvia es una de mis actividades favoritas).

De repente vi una pequeña tienda que anunciaba café con adaptógenos (sustancias que estimulan la concentración, la memoria, la energía y la resistencia frente a los resultados tóxicos del estrés). Me fascinó cómo estaba etiquetado y empaquetado todo, así que entré.

El joven hípster con un bonito sombrero que estaba detrás del mostrador no dijo una palabra. Me lanzó una mirada inexpresiva y siguió mirando el móvil. Aunque la tienda estaba prácticamente vacía, no pareció alegrarse de verme.

No le di importancia. Sonreí y le dije «Hola». El chico saludó con un gruñido, como suelen hacer las personas que pasan demasiado tiempo en internet porque ya no saben relacionarse con otros seres humanos, han olvidado la dulzura de este hábito y han perdido de vista lo más importante para llevar una vida rica.

Observé los productos, que eran increíbles. Sin duda el dueño de la empresa había invertido mucho pensamiento (y dinero) en crear productos excelentes que ayudaran a las personas a rendir al máximo.

Le pregunté al chico si se trataba de una cadena o de una sola tienda.

«Una sola», me contestó, frío como el hielo.

Movió el cuerpo al ritmo de la música hípster que estaba sonando. Lo digo en serio. Hizo varios movimientos extraños al ritmo de la música en lugar de hacerme caso. Ojalá hubieras estado allí conmigo. El baile también te habría parecido estrafalario.

Le pregunté si tenían los suplementos en paquetes más pequeños para poder llevármelos a casa en lugar de consumirlos en la tienda, mezclados con el café que preparaban.

«No, antes teníamos paquetitos, pero ya no», me contestó sin levantar la mirada del móvil de última generación.

Otro movimiento de baile estrafalario, como si fuera un robot de otro mundo. Y siguió pasando el dedo por el dispositivo, comprobando algo que sin duda era mucho más urgente que yo.

Estar presente ante otras personas, ofrecerles como mínimo un saludo, que tampoco es un regalo tan excepcional y exuberante, conocer los productos, saber ayudarlas y dedicarte a hacerlas más felices es la manera de destacar en tu trabajo y de valorar lo que haces. Y, además, de aumentar tu respeto por ti mismo, tu inspiración, tu carrera profesional y tu estilo de vida. ¡Qué fácil es olvidarlo! Céntrate en los aspectos fundamentales, porque ya son muy pocos quienes lo hacen.

Cada vez que te preguntes cómo debes mostrarte cuando estés con un cliente, un compañero de equipo, un proveedor u otra persona, recuerda al hípster del baile estrafalario. El del sombrero bonito.

Y sé amable.

79

Establece tus cinco diarios

Un protocolo de productividad que a los clientes a los que asesoro les ha resultado muy útil es «los cinco diarios». Es sencillo, como todas las herramientas valiosas. Establece cada día cinco pequeños triunfos, victorias u objetivos y prométete que los alcanzarás antes de que termine el día. Porque, como ya sabes: Las pequeñas mejoras diarias, que parecen insignificantes, si se realizan de forma constante a lo largo del tiempo, conducen a resultados sorprendentes. Y lo que te convertirá en excelente no es lo que haces muy de vez en cuando, sino lo que haces todos los días.

Al margen de lo que tengas en el plato y de cómo te vaya la vida en este momento, sin duda puedes alcanzar cinco microvictorias.

Aquí tienes algunos ejemplos de cosas fáciles de hacer:

- Hazte la cama en cuanto te levantes.
- Haz veinte flexiones después de cepillarte los dientes.
- Medita quince minutos antes de desayunar.
- Sáltate el desayuno y ayuna durante unas horas.
- Escribe algunas cosas por las que estés agradecido en tu diario matutino.
- Prepara una carta de amor a tu pareja.
- Dedica la primera hora de trabajo al trabajo real, no a trabajos improductivos.
- Escribe a mano una nota de agradecimiento a una persona que te haya ayudado a avanzar y envíasela.

- Ve un vídeo de aprendizaje que optimice tu habilidad principal.
- Dedica una hora al proyecto que más beneficie tu carrera profesional.
- Piensa en algo alentador que decirle a un compañero de equipo.
- Observa algo en tu día que te haga sentir más vivo y saboréalo.
- Haz algo amable por un desconocido en la calle.
- Come con tu familia y sin dispositivos tecnológicos.
- Escribe tres cosas por las que estés agradecido antes de irte a dormir.

Este es el punto importante que quiero que tengas en cuenta: cinco pequeñas victorias cada día se convierten en ciento cincuenta en solo un mes y en mil ochocientas mejoras en solo un año. Sin la menor duda los próximos doce meses se convertirán en los doce meses más productivos, exitosos y fenomenales de tu vida (hasta ahora) a medida que hagas realidad mil ochocientas pequeñas metas.

80

Piensa como un artista

Me encanta la obra del artista estadounidense Jean-Michel Basquiat. Soy un gran admirador de la pintura abstracta de la ilustre austriaca Martha Jungwirth. Puedo pasarme horas contemplando un retrato del maestro sudafricano Lionel Smit en una galería y perderme en su brillantez.

Para mí, el arte hace la vida más bella, más fácil y mejor. Alegra los días aburridos. Y cuando estoy ante grandezas artísticas, algo de su talento se me contagia y eleva mi propia obra.

Vale. Piensa como un artista. Esta es la instrucción y la petición que tengo para ti. Trabajes en lo que trabajes, eres creativo. Y lo que produces (ya sean pizzas o guiones, negocios o códigos, empresas emergentes o clases de spinning) es tu valioso arte. Tu buen nombre depende de ello. Así que convierte lo que haces en extraordinario. O no lo hagas.

Cuatro lecciones prácticas para animarte:

Lección 1: Consigue que lo que produces hoy sea mejor que lo de ayer, y que lo que haces este año sea exponencialmente mejor que lo del año pasado.

Lección 2: Preocúpate más que nadie en tu sector por la calidad. ¡Maestría o nada! Debes saber que la excelencia es una energía. Las personas la sienten sin necesidad de que lo digas. Todos sentimos la grandeza cuando estamos ante ella.

Lección 3: Explota tus peculiaridades y saca partido de tu singularidad. Las cosas raras que hay en ti son precisamente las que pueden hacer realidad tu talento innato. Piensa, escribe un diario y medita sobre las peculiaridades, talentos y puntos fuertes que te distinguen de los demás. Después desarróllalos y amplifícalos.

Lección 4: Confía en que los errores son la puerta de entrada al arte y en que el fracaso es el precio que tu talento debe pagar para expresarse plenamente. Utiliza tus errores, reveses y meteduras de pata como combustible para hacer arte. Como dijo Nietzsche: «El caos da a luz estrellas danzarinas». Vive en la rama delgada (es peligroso, pero ahí es donde está toda la fruta). Asume riesgos más creativos. No tengas miedo de parecer tonto y recuerda siempre que nadie toma en serio a la persona que se toma a sí misma demasiado en serio. Piensa como un artista. Porque lo eres.

81

Encuentra tu Goldeneye personal

Para producir tu obra maestra debes estar mucho tiempo solo. No digo que trabajar con un equipo no sea importante o útil. Cuanto más grande sea el sueño, más importante será el equipo. Y, como he comentado antes, la relación profunda con familiares y amigos es la base fundamental para el verdadero éxito.

Dicho esto, lo que me interesa señalar aquí es que en una época de estimulación tecnológica, hiperdistracción y sobrecarga cognitiva extremas, de verdad debes obligarte a alejarte con frecuencia de tu vida cotidiana para hacer un trabajo excelente, aunque solo sean unas horas al día.

Todos los artistas tienen un estudio en el que se retiran a diario. Todos los científicos tienen un laboratorio en el que trabajan y hacen experimentos. Todos los deportistas profesionales tienen un gimnasio. Y todos los músicos legendarios tienen un local de ensayo.

«Todos los curanderos viven en cuevas», observó el artista Jean-Michel Basquiat. Para mí, eso significa que puedes estar en el ruido del mundo o hacer tus obras maestras a solas, pero nunca ambas cosas. Tu genio te ruega más silencio, soledad y sosiego. Y todos los creadores de múltiples obras maestras entienden que el lugar donde se trabaja determina la calidad del trabajo, por lo que se sitúan en espacios que inspiran su productividad más monumental.

Ian Fleming, el famoso escritor de las novelas de James Bond, compró una casa maravillosa junto al mar en Jamaica, adonde iba en busca de tranquilidad y del importante estado de flujo para crear las historias que han entretenido a millones de personas. Llamó a esta casa Goldeneye.

Si este famoso escritor obtuvo tanta inspiración, energía y productividad para completar sus extraordinarias obras alejándose del ruido de la sociedad, ¿no deberías encontrar tú también tu Goldeneye?

82

Da un paso más

Cuando estaba escribiendo *El Club de las 5 de la mañana* (tardé cuatro años enteros en terminarlo, y conseguir que este libro fuera lo mejor que podía escribir se convirtió en una misión que rayaba en la obsesión), fui en tren a una pequeña ciudad europea y encontré un hotel en el que quedarme una semana escribiendo. Avancé más en el manuscrito en esa semana que en todo el mes anterior trabajando en casa.

En ese viaje, una persona del servicio de habitaciones le proporcionó a mi té con limón matutino una característica curiosa que nunca he olvidado: le había quitado las pepitas al limón.

No sé si he conseguido explicarme, así que permíteme que sea más claro: en lugar de limitarse a cortar el limón en rodajas para que yo las echara en la taza, un alma entregada se tomó el tiempo y la molestia de extraer con cuidado las pepitas para que no acabaran flotando en mi té.

Me impresionó tanto este poco frecuente acto de excelencia inesperada que lo mencioné en el libro. Llamo a este concepto «deshuesar las rodajas de limón», una metáfora para mostrar la meticulosa atención a los detalles, que es la base para convertirte en un maestro en tu trabajo.

Te escribo este mensaje desde ese mismo hotel. ¿Y sabes qué? Tengo otra metáfora para ti, basada en la taza de té de hoy.

He pedido una infusión de menta fresca. Eva, la chica alegre y exquisitamente exuberante que ha contestado el teléfono, es fantástica. Detallista, muy responsable y atenta.

«Serán quince minutos, ¿le parece bien?», me ha preguntado en tono cantarín.

Pues sí, exactamente quince minutos después (estoy en Suiza), Eva estaba en mi puerta. Con una sonrisa del tamaño del sol y unos ojos que brillaban como estrellas. Y una actitud que ha aumentado mi alegría por formar parte de la raza humana.

Al mirar la bandeja que Eva dejó con cuidado en la mesa frente a mí, observé que no solo había introducido un manojo de hojas de menta fresca en la tetera, sino que también había añadido una floritura: una hoja de menta colocada artísticamente en la taza de té blanco marfil.

Puede que me digas: «Robin, ha sido un detalle insignificante». No. Para mí ha sido gigantesco.

En una época en la que se promete mucho y se cumple poco, y en la que tantas personas quieren las recompensas de una vida más rica sin tener que invertir en comprometerse y hacer el trabajo que requiere una vida gratificante, Eva ha brillado en su labor. Ha ejemplificado esta cuarta forma de riqueza. Puso en práctica su creatividad y acuñó la moneda de la maestría al coger esa hoja de menta y colocarla con esmero en la taza de té para crear una pequeña obra de arte.

Así que ahora tengo una nueva metáfora para el hábito de esmerarse en el trabajo con el objetivo de fascinar a quienes te rodean: «maximizar la hoja de menta». Y si el hábito ha funcionado para Eva, estoy seguro de que funcionará para ti.

83

Sé paciente como los profesionales

Te contaré un secreto para dominar el juego; en realidad no es un secreto, pero lo llamaré así con la esperanza de que le prestes más atención.

El secreto es... tener paciencia.

Así de sencillo. Práctico. Tan obvio que ni caemos en la cuenta. Es una estrategia que se esconde a simple vista. Por lo tanto, muy pocos (o sea, poquísimos) la practican con cierta regularidad. «Los ríos saben que no hay prisa. Algún día llegaremos», escribió el autor de libros infantiles A. A. Milne.

Hoy estoy en la elegante ciudad de Milán. Los árboles están llenos de brotes y hay flores por todas partes. Mis amigos italianos y mis lectores milaneses me odiarán por contártelo, pero fui al gran Starbucks de esta ciudad por primera vez. (Te lo digo en voz baja: estuvo muy bien).

Escuché a un increíble músico callejero que tocó una canción de Coldplay, otra de Drake y después «Love Yourself» de Justin Bieber. (Te lo digo en voz baja, pero me gusta mucho esta canción).

Caminé hasta el famoso monumento llamado el Duomo. Fascinante. Impresionante de verdad.

Vi las agujas, los arcos y la intrincada artesanía. ¿Sabías que empezaron a construirlo en 1386 y que los últimos detalles se concluyeron en 1965? Seiscientos años. Para un solo proyecto.

Ahora déjame preguntarte con mi mejor humor: ¿tienes la devoción suficiente para perfeccionar tu proyecto X durante

seiscientos años? Hasta que el proyecto esté terminado. Hasta
que haya quedado sublime. Como debe hacerse. Para que cele-
bre tus talentos naturales. Pienso en lo que dijo Miguel Ángel:
«El genio es paciencia eterna».

Vivimos en una civilización en la que la mayoría de las personas tienen la capacidad de atención de un gorrión. ¿Quieres
de verdad tener éxito en el trabajo y estar tan por delante de los
demás que nunca puedan alcanzarte (ni en seiscientos años)?
¿Sí? Genial.

Entonces conviértete en la persona más perseverante de tu
campo y en el trabajador más incansable de tu ámbito. Esfuérzate en el más mínimo de los detalles. Alcanza el nivel de las
superestrellas. No lo dejes correr. Nunca te rindas. Consigue
que las pinceladas más pequeñas alcancen el nivel de los grandes maestros. Y después hazlo aún mejor. Te reto.

84

Sé como un perro con un hueso

Sí. Sé como un perro con un hueso, que no lo suelta. Verás, una de las claves de la maestría es la perseverancia. Y es increíble lo lejos que puedes llegar en la búsqueda de tu Everest personal si te niegas rotundamente a abandonar.

Muy sencillo, aunque muy pocos lo hacen. Permíteme ofrecerte uno de mis ejemplos favoritos.

Jimmy Iovine, ahora un titán de la industria musical y un legendario productor discográfico, quería fichar a Trent Reznor, de Nine Inch Nails, que estaba con un pequeño sello discográfico independiente que poseía los derechos de su música. El dueño de ese sello era duro de pelar y no tenía ningún interés en dejar marchar a su valioso artista.

La solución de Iovine, como cuenta en el maravilloso documental *The Defiant Ones*, fue levantarse temprano cada mañana y llevar a cabo un ritual. Entraba en el cuarto de baño, donde tenía un teléfono, cerraba la puerta y llamaba al dueño del sello. Lo hizo cada día, a las seis de la mañana, durante casi un año entero.

Al final el dueño cedió, porque Jimmy Iovine era imparable. Reconoció que le había hecho sentirse comprendido y respetado, así que cerró el trato y le cedió los derechos, lo que dio lugar a una asociación de enorme éxito.

En el documental, cuando le preguntan a Iovine por qué no renunció a adquirir a Reznor para su lista de músicos y por qué llamó cada mañana durante casi trescientos sesenta y cinco días seguidos, contesta que es importante no dejar que tu ego se interponga en el resultado que te has propuesto conseguir. Nunca he olvidado esta lección. No permitir que el orgullo y la posibilidad de parecer tonto a los ojos de los demás se interpongan en el camino para alcanzar tu objetivo. Espero sinceramente que no olvides esta enseñanza.

Y si los demás se ríen de ti por tu incansable fe en ti mismo y tu aspiración ética a hacer realidad un sueño valiente, recuerda lo que en cierta ocasión escribió Dr. Seuss: «Sé quien eres y di lo que sientes, porque a los que les molesta no importan, y a los que importan no les molesta».

Disfruta del tiempo que pierdes

«El tiempo que disfrutas perdiéndolo no es tiempo perdido», señaló el maestro de la música John Lennon.

Tardé gran parte de mi vida adulta en entenderlo.

Si no trabajaba, si no seguía mi agenda e iba tachando líneas de mi lista de tareas pendientes, me sentía culpable. Y, si te soy sincero, también algo avergonzado, supongo.

Veo a muchos gurús y a *influencers* que aconsejan en internet a sus seguidores la cultura del trabajo duro y el esfuerzo constante, y que aprovechen todo momento de vigilia para ser productivos y seguir adelante. ¡Buf!

¿No es este tipo de consejos propio de una cultura obsesionada con hacer, conseguir, esforzarse y ganar? Pero ¿por qué se entiende por ganar solo conseguir más logros que los demás y alcanzar la cima del éxito mundano? ¿Por qué se valoran más la fama y la fortuna que la paz interior y la libertad personal?

¿Por qué (en nuestra extraña cultura) se valora más al empresario que consigue hacer un billón de cosas y al multimillonario que acumula un montón de dinero que al monje que se pasa todo el día meditando en un monasterio? ¿O al alegre jardinero que cultiva sus tulipanes amarillos?

¿Cómo es posible que a la persona que hace bien su trabajo y reserva las tardes para su familia, sus pasiones y lo que le entusiasma la consideren menos «productiva» que a la que está de guardia veinticuatro horas al día, siete días por semana y trescientos sesenta y cinco días al año? ¿Quién nos ha vendido esta historia sobre lo que significa la productividad? ¿Y por qué si no llenamos cada hora de vigilia con trabajo no somos dignos de que nos consideren exitosos?

Es más, ¿por qué no hacer nada está mal visto? Cuéntamelo. En serio. ¿Quién nos ha vendido la idea de que hacer algo es mejor que no hacer nada? Lo cierto es (y no estoy seguro de estar explicándome) que simplemente son cosas diferentes. Una no es mejor que la otra, ¿verdad? Solo nuestro juicio y nuestro sistema de creencias las consideran así.

Lo que sucede es que las personas en las que confiamos (y que influyen en nosotros) nos han enseñado que una es mejor que la otra.

He aprendido a ser muy eficiente en no hacer nada, porque una sólida ética de trabajo sin una profunda ética de descanso no resistirá el paso del tiempo.

Cuando trabajo, lo hago con rapidez, intensidad y precisión, muy centrado en las pocas cosas que cuentan. (Confucio lo dijo de forma magistral: «La persona que persigue dos conejos no atrapa ninguno de los dos»). Y cuando no trabajo, disfruto de la vida y saboreo los resultados de mi esfuerzo. Observo los árboles mientras camino por mi olivar. Paseo por el campo con Elle, preparo la cena para mi hija y voy a una galería de arte con mi hijo. Leo libros interesantes, monto en mi fiel bicicleta de montaña, escribo en mi diario, escucho música country y me doy un baño en el mar.

Te animo con entusiasmo a que de vez en cuando te conviertas en un experto holgazán. Un campeón mundial de no hacer nada cuando toca renovarse. Como hice yo anoche. Me senté fuera de la casa con una manta sobre las piernas, porque la noche era fresca, y miré las estrellas. Y no hacer nada fue algo.

86

Aplica la regla de los sesenta segundos contra la procrastinación

Cambiemos de tema respecto del último capítulo. Todos los triunfadores tienen un comportamiento en común: no se limitan a tener grandes sueños, sino que también hacen lo necesario para cumplirlos.

Entienden que las ideas sin ejecución son ilusiones. Y que la más pequeña de las acciones es siempre mucho mejor que la más grande de las intenciones. Con esta forma de actuar demuestran su compromiso con el trabajo y que se toman en serio la maestría.

Así que te animo a lo siguiente: Nunca abandones una idea espectacular sin hacer algo (cualquier cosa) por convertirla en realidad.

Repite este mantra una y otra vez: «Lo haré ahora». Lo que dices da forma a lo que producirás en el mundo. Y después, cuando surja una inspiración valiente y audaz, actúa con rapidez (en sesenta segundos) para avanzar, por poco que sea. Así vencerás la procrastinación. Y seguirás siempre adelante.

«Mientras uno no se compromete, duda, piensa en retroceder y no es eficaz. En todos los actos de iniciativa y creación hay una verdad elemental cuya ignorancia acaba con innumerables ideas y planes espléndidos: que en el momento en que uno se compromete definitivamente, la providencia también actúa», dijo el alpinista William Hutchison Murray.

Supongo que lo que pretendía enseñarnos es que estar ocupado no es lo mismo que ser productivo, y que moverse no es lo mismo que avanzar.

Y que nada sucede hasta que empezamos.

Mientras trabajas, sigue mejorando

Hace poco escuché una conversación de la que quiero hablarte.

Estaba comiendo en un restaurante. Un hombre quería una copa de vino tinto y señaló una variedad de la carta. El camarero miró la carta de vinos y dijo: «¿Este? Soy incapaz de pronunciar bien el nombre, pero lo intentaré».

A continuación dijo mal el nombre del vino y fue a buscarlo.

Cuando el camarero se acercó a nuestra mesa, le pregunté por pura curiosidad cuánto tiempo llevaba trabajando en el restaurante.

«Casi once», me contestó con orgullo.

Mmm... Once años. En ese restaurante. Tomando comandas de comida y vino. Pasando allí muchas de sus horas más valiosas. Dedicando su valiosa energía vital a ese trabajo. Con la oportunidad de ser un experto en lo que hace. De convertirse en un camarero alucinante. De recibir grandes propinas.

Pero por alguna razón no parecía tomarse en serio su trabajo (algo que podría reportarle enormes recompensas no solo profesionales, económicas y personales, sino también espirituales). Nunca había dedicado tiempo a estudiar la carta de vinos para aprender a pronunciar los nombres de forma correcta. Me dio la impresión de que se limitaba a presentarse allí día tras día. Durante once años.

Pensemos ahora en Ferran Adrià, el fundador y chef del icónico restaurante de tres estrellas Michelin El Bulli. Conocido por liderar el campo de la cocina molecular, ofrecer a sus clientes comidas de treinta y cuatro platos y fascinar a sus colegas chefs con su obsesión por conseguir que los detalles fueran impecables, en el momento en que la fama de El Bulli había alcanzado su punto más alto (dos millones de personas solicitaban cada temporada una de las escasas reservas), Adrià cerró el local.

Aunque podría haber hecho una fortuna con sus creaciones (su pollo al curry revolucionó la receta tradicional colocando la salsa de pollo sobre helado de curry) y el gran chef Joël Robuchon había dicho que era «el mejor cocinero del mundo», Adrià cerró su restaurante porque sentía que había llegado lo más lejos que podía como chef. Y necesitaba enfrentarse a nuevos desafíos para crecer como artista.

La conclusión es la siguiente: cuando llegas a la cima y casi al límite de tu capacidad, es el momento en que debes esforzarte por romper tu fórmula ganadora, reajustar las habilidades que tan bien has utilizado e imaginar nuevas formas de reinventarte por completo. ¿La alternativa? La mediocridad. Y un rápido descenso a la oscuridad.

88

Trabaja por la magia, nunca por el dinero

El famoso deportista y gran empresario Shaquille O'Neal vino a mi facultad para participar en un acto y nos dio tres importantes lecciones que confío en que tendrán valor para ti, así que paso a enumerarlas:

Lección 1: Procura que tus hijos sean humildes y tengan los pies en la tierra. Cuando sus hijos le decían: «Papá, vamos a comprar esto, que somos ricos», él les contestaba: «Vosotros no sois ricos. El rico soy yo». La idea de que la fortuna ganada en una generación se perderá en la tercera suele ser cierta. A menudo la riqueza económica la reúne la primera generación, la disfruta la segunda y la pierde la tercera.

Lección 2: Recuerda tus raíces. Demasiadas personas alcanzan un enorme éxito en su campo y olvidan quién las llevó al baile. Shaq contó a mi audiencia que antes de cada partido que los Lakers jugaban en casa, iba a su antiguo barrio (en una zona pobre de Los Ángeles) y jugaba al baloncesto en la calle con los niños. Después volvía a meterse en el coche y se dirigía al campo. Le pregunté por qué lo hacía. Su respuesta fue un clásico: «Porque yo fui uno de esos niños».

Lección 3: Nunca trabajes solo por el dinero. Shaq nos contó que, como empresario, cuando hacía un trato solo con la expectativa de ganar mucho dinero, las iniciativas siempre fracasaban. Pero cuando aceptaba una oportunidad porque lo inspiraba, porque lo obligaría a crecer como líder y porque le parecía lo correcto, los resultados siempre eran excelentes.

Sí, amigo mío, trabaja por algo más que el dinero. Hazlo por lo que te permitirá crecer. Hazlo por los talentos que te descubrirá. Hazlo por la persona en la que te convertirá. Hazlo por el sentido que te dará. Y, por supuesto, haz siempre tu trabajo sumamente bien (con positividad y pasión, aunque nadie te mire) por las personas a las que ayudarás y por el mundo mejor que construirás.

89

El tres estrellas Michelin con la chef ausente

En mis conferencias sobre liderazgo le digo a mi audiencia: «Nada fracasa más que el éxito». Cuando más éxito tienes es precisamente cuando más vulnerable eres. Cuando ganas estás a solo unos pasos en falso de perder. ¡El éxito es muy peligroso! Una vez allí, crees que, como estás en la cima, siempre lo estarás. Dejas de innovar y permites que te arrastre la inercia. Das por sentados a tus clientes y por hecho que tu éxito será duradero. En momentos así es muy fácil caer en un declive casi invisible que acaba conduciendo a la derrota.

Para evitarlo debes seguir hambriento. Tienes que seguir peleando. Debes estar siempre dispuesto a aprender cosas nuevas, asumir nuevos riesgos, ofrecer lo inesperado, fracasar buscando la innovación, agradecer aún más la comida en la mesa de tu familia y actuar con una mentalidad de cinturón blanco.

El otoño pasado viajé con mi hijo al norte de Italia. Poco antes había vivido una aventura padre-hija, así que le tocaba a Colby. Fuimos a buscar trufas con una perra que se llamaba Lady, dimos largos paseos por la montaña y asistimos a una clase de cocina (hicimos raviolis).

Para la última noche, como regalo especial, había reservado mesa en un restaurante con tres estrellas Michelin. Había estado allí con Elle, y la comida era excepcional (en especial los huevos escalfados con queso pecorino, nata y trufas blancas).

Así que llegamos dispuestos a que nos dejaran impresionados. A vivir una de las mejores comidas de nuestra vida. Un padre y su hijo.

¿Y sabes qué? La chef estaba allí, pero esta vez no en la cocina. Estaba sentada a una gran mesa al lado de la nuestra, junto al fuego crepitante, con unos seis amigos, hablando, riéndose y bebiendo vino tinto caro. Contando historias de sus días de gloria. Llevaba puesta su chaquetilla blanca de chef, pero esa noche no cocinó.

No sé tú, pero si yo quiero darme un capricho en una ocasión especial y voy a un restaurante con tres estrellas Michelin (cosa que solo he hecho dos veces en mi vida), quiero que me haga la comida el chef que recibió las tres estrellas Michelin.

¿Y la comida? Mediocre. De verdad. Solo aceptable. Nada especial. Un plato fue casi incomible. Así que he ido a ese restaurante dos veces: la primera y la última.

¿Qué quiero decir con esta ligera diatriba? Muy fácil. La chef se convirtió en una chef de primera en un restaurante de primera. Después dio por hecha su victoria y se durmió en los laureles. Perdió la pasión. Creyó que nadie se daría cuenta. Dejó de asegurarse de que todo ingrediente fuera exquisito y toda comida perfecta.

A medida que vayas alcanzando nuevos niveles de maestría, recuerda esta historia. Y nunca des por sentada tu victoria, porque nada fracasa más que el éxito. Y si olvidas esta regla, quedarás eliminado del juego antes de lo que imaginas.

90

La vida es más importante que el trabajo

En este momento mi héroe es Kenny Sailors, porque me recordó que, aunque trabajar lo mejor que puedas es un elemento central de una vida rica de verdad, está lejos de ser lo único que necesitas para vivir bien.

La otra noche me quedé despierto hasta tarde viendo el inspirador documental *Jump Shot*. Trata de los tiros en suspensión en baloncesto.

Y de cómo se inventó este movimiento ahora común, cómo sacudió el baloncesto y cómo se extendió de generación en generación.

Sin embargo, lo que vi fue mucho más.

El documental sugiere que el creador de los tiros en suspensión fue Kenny Sailors. Por extraño que parezca, en aquella época, la década de 1940, los jugadores de baloncesto lanzaban el balón sin despegar los pies del suelo. Conseguir tiempo en el aire era una idea absolutamente radical.

Nadie se había atrevido a hacer lo que hizo Kenny. Fue menos un golpe de innovación que una revolución para este deporte.

Los aficionados se quedaron atónitos. Los jugadores se quedaron anonadados. El baloncesto cambió. Para siempre.

Kenny Sailors se convirtió así en el Kobe, el Jordan o el LeBron de su época. Prominente. Celebrado. Venerado. Adorado.

Y después desapareció.

Luchó como infante de marina en la Segunda Guerra Mundial. Arriesgó su vida por su país.

A su regreso, se mudó con su mujer a los bosques de la remota Alaska. Allí cazó, pescó y levantó campamentos. Vivió de la tierra. Formó una familia. Montó a caballo. No jugó al baloncesto en absoluto. Kenny se construyó una vida.

La pareja llevó esta austera existencia durante treinta y cinco años, hasta que la mujer empezó a sufrir demencia, lo que a Kenny le rompió el corazón.

Después de la muerte de su mujer, él llevó una vida tranquila. Empezó a asesorar a jóvenes jugadores de baloncesto y sirvió a su comunidad, a menudo de forma anónima. (La mejor manera de dar, ¿verdad?).

Hacia el final de su vida le preguntaron por su *Final Four*, un término que alude a los importantes partidos de playoffs en el baloncesto universitario, donde todos los equipos de la liga han quedado eliminados excepto los cuatro mejores. En esta ocasión el entrevistador había utilizado el término para preguntarle por las cuatro cosas más importantes para él.

«Dios, ser un buen marido, un padre cariñoso y un buen infante de marina».

El baloncesto ni siquiera estaba en la lista.

Kenny murió a los noventa y cinco años. Como un héroe. Para mí... y para muchas otras personas.

Este hombre humilde vivió con sencillez, nobleza, felicidad y una gran integridad. ¿La verdadera conclusión de este mensaje? Cuando se trate de desarrollar tu trabajo y alcanzar el más alto nivel, hazlo con todo el genio, la fuerza y el entusiasmo que tienes dentro de ti. Y cuando no estés trabajando, lleva una vida tranquila, reflexiva, honorable y con sentido, porque ganarte la vida nunca debe impedirte construir una vida maravillosa.

Dinero

El hábito de la prosperidad como combustible para la libertad

Si controlamos nuestra riqueza, seremos ricos y libres;
si nuestra riqueza nos controla a nosotros,
en realidad seremos pobres.

EDMUND BURKE

La quinta forma de riqueza

Dinero / Breve resumen

Tener suficientes ingresos y recursos económicos para que sientas que puedes vivir a tu manera (y con la libertad de llevar el estilo de vida que quieres para ti y tus seres queridos) es un elemento no solo importante, sino también fundamental de una vida verdaderamente rica.

La clave es hacer uso del dinero sin convertirte en cautivo de su búsqueda y sin descuidar las otras siete formas de riqueza. Jamás querrías ser rico en dinero y pobre en felicidad, ¿verdad?

Pienso en una historia fascinante que apareció en un número de *The New Yorker*. Los famosos escritores Joseph Heller y Kurt Vonnegut estaban en un cóctel en la casa de un titán de Wall Street, en Long Island. El lugar era glamuroso, estaba lleno de miembros de la alta sociedad y brillaba por sus excesos.

Vonnegut le preguntó a su amigo:

—Joe, ¿qué sientes al saber que nuestro anfitrión ganó ayer más dinero del que te pagarán a ti por los derechos de *Trampa 22*?

—Bueno, Kurt —le contestó Heller—, yo tengo algo que él nunca tendrá.

—¿El qué? —le preguntó su amigo.

—La sensación de tener suficiente —le respondió.

La sensación de tener suficiente. Qué bonito. Conocer la plenitud de estar satisfecho con lo que tienes te hace rico. Dicho esto, para vivir tu mejor vida debes animarte a adquirir una riqueza económica razonable. La prosperidad económica te da la libertad de tomar las decisiones más beneficiosas para ti, en lugar de verte obligado a quedarte en un rincón haciendo cosas que no quieres hacer pero no te queda otro remedio porque necesitas el sueldo. El dinero también facilita las cosas tanto a ti como a tus seres queridos y te concede la oportunidad de disfrutar de los maravillosos placeres que ofrece el mundo material.

Se trata de mantener un equilibrio, ¿verdad? Sé dueño de tu dinero y no dejes que él se adueñe de ti. Deja que una cantidad razonable de riqueza te permita llevar un estilo de vida maravilloso, pero nunca consientas que el dinero se convierta en tu amo. Jamás.

Tras esta breve contextualización, empecemos nuestro viaje a través de las lecciones que con tanto cuidado he preparado para que aumentes de forma significativa la quinta de las ocho formas de riqueza (el dinero) en tu valiosa vida. ¿Empezamos?

91

Evita la trampa del dinero de Howard Hughes

Anoche vi un documental inspirador y a la vez impactante sobre Howard Hughes, un hombre que en su época era una de las personas más ricas del mundo. Me ha parecido un buen tema para empezar a comentar la quinta forma de riqueza. «¿Por qué?», te preguntas. Deja que te lo explique.

Hughes ganaba cincuenta millones de dólares al año (que en la actualidad equivalen a ciento cincuenta millones) con su empresa.

Vendió las acciones de TWA (de su aerolínea) por quinientos millones de dólares en efectivo (en 1966).

Fue pionero en la fabricación de nuevos aviones y puso en marcha un innovador estudio de Hollywood.

Incluso inventó la cama de hospital automática tras experimentar la frustración de tener que pasar mucho tiempo tumbado por las lesiones graves que sufrió a causa de un accidente de avión.

Pero la cuestión es que, aunque era muy rico, pasó sus últimos años solo en la oscura suite de un hotel de Las Vegas. Sin familia a su alrededor, luchando contra su adicción a medicamentos y su mala salud, y sufriendo por no poder disfrutar del regalo que es la vida humana.

Hughes era tan poderoso, de alguna manera tan inalcanzable, que estaba aislado de toda persona que hubiera podido decirle la verdad y ayudarlo a volver a conectar con la realidad. Los altos directivos que rodeaban al magnate lo protegían de las serias dificultades que surgían en su imperio. Y sus demonios personales se ocupaban de que, aunque tuviera todo el dinero del mundo, viviera como un ermitaño encerrado en su lujosa pero inmunda suite de hotel.

A medida que sus operaciones se hacían más complejas, atrajo a personas que no siempre defendían sus intereses y no se aseguraban de que recibiera el tratamiento adecuado para sus problemas de salud mental. Cuando la situación empeoró, se pasaba todo el día desnudo, negándose a ducharse, aterrorizado por los gérmenes y con miedo a las personas. Lo dejaban a oscuras y con agujas clavadas en los brazos durante largos periodos de tiempo. Un final muy triste para un hombre excepcional.

Dejémoslo claro: ganar dinero no es una actividad perversa. Es cierto que el dinero puede facilitar mucho tu estilo de vida y resolver multitud de problemas. El dinero puede permitirte hacer mucho bien a tu familia y enriquecer tu comunidad. Muchos de los multimillonarios famosos (aunque discretos) a los que he asesorado durante las últimas décadas son algunas de las personas más íntegras, generosas y amables que he conocido, y trabajan sinceramente para hacer del mundo un lugar mejor.

Supongo que lo que en realidad estoy sugiriéndote, amigo mío en constante crecimiento, es solo que a medida que aumentes tu riqueza económica, procures que se convierta en una puerta de entrada a la bondad, no en una cárcel que destruya tu felicidad.

92

Conoce las cicatrices de tu precariedad

Ganar dinero para hacer crecer la quinta forma de riqueza no es algo accidental. La acumulación de prosperidad económica se consigue aplicando de forma consciente y constante una serie de reglas que el tiempo ha demostrado que funcionan y que quienes tienen dinero conocen, utilizan y optimizan.

Un buen punto de partida para mejorar tu abundancia económica es curar tus heridas monetarias, es decir, las falsas creencias y las lesiones emocionales que han ido formándose a medida que avanzabas en la vida. Adoptamos, sobre todo en nuestra juventud, la visión de nuestros padres y primeros maestros sobre el dinero (¿recuerdas las cinco fuerzas PENAM que te he explicado en una sesión anterior?). Y a medida que nos hacemos mayores, pasamos por decepciones, problemas y pérdidas en este ámbito que nos cierran a posibilidades, nos limitan a la hora de aprovechar las oportunidades y nos vuelven escépticos sobre nuestro potencial para ser una fuerza económica en el mundo (o al menos para liberarnos del estrés diario por el dinero).

Quizá las personas en las que confías te han enseñado que «los ricos son ladrones», que «las personas con dinero son diferentes de nosotros», que «el dinero es la raíz de todos los males» o que «tener mucho dinero es solo cuestión de suerte». O quizá te han dicho que «invertir en bolsa es un juego de azar» (solo lo es si no sabes evaluar el valor de las empresas y tomas decisiones a ciegas) o que «comprar bienes inmuebles en el extranjero es una tontería» (solo lo es si no sabes lo que compras). Si partes de estas ideas, ¿de verdad crees que tendrás la aspiración de aprender y después aplicar las reglas que harán realidad tu mayor potencial monetario? Tus creencias básicas se convierten en profecías autocumplidas. Los seres humanos obtienen lo que esperan.

Hoy te animo encarecidamente a que empieces a curar las heridas de tu situación económica para que puedas disfrutar de los beneficios que aporta este tipo de riqueza. Aquí tienes cuatro prácticas que te ayudarán a incorporar la mentalidad de prosperidad y el equilibrio emocional necesario para mantener una relación más sana con tus ingresos:

1. Trátate como si fueras un miembro de la realeza. No estoy sugiriéndote que vayas a comprarte algo que no puedas permitirte. Soy un firme defensor de la frugalidad, pero estoy seguro de que ahora mismo podrías hacer cosas para celebrar lo que has llegado a ser y recompensarte por todo lo que has superado.

Algunas ideas pueden ser una ceremonia sencilla en un lugar bonito y tranquilo para honrar las habilidades que has desarrollado y el valor que has creado para los demás (recuerda que el dinero es la contraprestación del valor que has entregado al mercado), que te den un masaje en un buen spa, hacer el viaje que siempre has deseado o invertir en una obra de arte de un artista local desconocido pero magnífico que colgarás con alegría en su casa. Te invito a hacer algo (lo que sea) para agradecerte a ti mismo lo mucho que has crecido, porque eso aumentará lo que en mi trabajo de mentoría llamo «capacidad de merecer». Este es el principio: A medida que te trates mejor, sentirás de forma natural que mereces algo mejor. Esto, a su vez, hará que aproveches más oportunidades excelentes, impulses mejores trabajos en tu campo y aumentes las tarifas que pides a tus clientes (y despidas a los que te roban la alegría).

A medida que te valores más a ti mismo, elevarás los niveles de calidad de tus hábitos diarios, tu condición física, lo que pides en las negociaciones, la bondad del contenido que consumes, la importancia de tus amistades y el carácter especial de los lugares a los que vas. Sí, aumentar tu autoestima conduce de forma inevitable al aumento de tu patrimonio. Al dinero no le gustan las personas que no se quieren a sí mismas.

2. Ve a lugares muy ricos. Este principio es muy fácil de enunciar: la prosperidad es una energía, así que mantente cerca de su vitalidad.

Debes hacerlo con cuidado, pero estar rodeado de lujo aumentará y normalizará tu confianza para generar más prosperidad en tu vida. Sentirás que formas parte de lugares así de exclusivos, y de forma automática empezarás a crear la maestría que hará realidad este estilo de vida. Los ingresos siempre reflejan la identidad (léelo dos veces).

En un principio podría consistir en disfrutar de una taza de té en la cafetería de un centro comercial muy exclusivo o de una ensalada en el restaurante del hotel más exquisito de tu ciudad. Al colocarte en esos entornos, oirás conversaciones de personas prósperas, podrás establecer nuevas relaciones, y tu percepción de ti mismo, junto con el respeto a tus talentos, empezará a cambiar sutil y progresivamente. Confía en mí, por favor. El dinero es de verdad un fuerte reflejo de cómo te ves a ti mismo. A medida que empieces a verte a ti mismo como una persona mucho más próspera, empezarás a hacer las cosas que hacen las personas prósperas, lo que sin duda te hará ganar más dinero.

3. Haz inventario de tu precariedad. Enumera en tu diario matutino todas las visiones que tus padres, tus profesores y los medios de comunicación te han inculcado sobre los aspectos negativos de ganar dinero, cultivarlo y protegerlo. Anota también tus heridas al respecto, las que te hiciste cuando intentaste aumentar tu prosperidad y no funcionó. Escribir todo esto te permitirá ver con mayor claridad las causas que han limitado tu progreso económico, y al dejarlas al descubierto podrás ver cómo te han saboteado esta quinta forma de riqueza. Las som-

bras que salen a la luz se disipan y la toma de conciencia precede a la transformación. Como aconsejó Maya Angelou: «Hazlo lo mejor que puedas hasta que sepas lo que es mejor. Y cuando sepas lo que es mejor, hazlo».

4. Crea tu collage de vida ideal. Sabes que soy un gran defensor de la acción. Ninguna idea funciona para las personas que no están dispuestas a esforzarse. Y ante las personas que hacen cosas excelentes se despliegan cosas excelentes. Dicho esto, la claridad genera maestría, de modo que debes pensar lo que quieres antes de ponerte en marcha. ¿Cómo vas a conseguir lo que deseas si no tienes ni idea de lo que necesitas? Los planes confusos conducen a actuaciones confusas. No inviertas tus mejores años escalando montañas que al final resultan ser equivocadas.

Así que empieza el proceso de reprogramar, actualizar y movilizar tu mente para centrarte en el rico estilo de vida que buscas. Una magnífica herramienta es hacer un collage de sueños en un tablero grande que veas a diario. El collage debe contener imágenes de la vida majestuosa que llevarás cuando hayas conseguido la riqueza económica que te permitirá disfrutar de ella. Las imágenes pueden ser de una casa en la que te gustaría vivir con tus seres queridos, islas tropicales o estaciones de esquí donde esperas pasar vacaciones, coches que deseas tener, ropa que quieres llevar, buenos restaurantes a los que aspiras a ir, aventuras muy divertidas que te gustaría vivir y organizaciones benéficas a las que estás dispuesto a ayudar. Una vez más, la clave aquí es disfrutar de las cosas materiales (porque vivimos en un mundo material), pero nunca necesitar las cosas que posees. Y evitar definirte por tus posesiones.

Bien. Es otoño y los colores que veo alrededor de mi vieja casa de campo son impresionantes. Si estuvieras aquí conmigo, quizá tomando una infusión de menta fresca, creo que estarías de acuerdo. Aunque ya no monto en mi bicicleta de montaña como un salvaje, como hacía cuando era más joven, voy a salir a pedalear un rato por el campo. Hablamos luego. Adiós.

93

Tu vitalidad te beneficia económicamente

Casi todos los maestros del dinero con los que he estado se mantienen muy en forma. Hacen ejercicio la mayoría de las mañanas, caminan mucho (y les encantan las reuniones paseando), invierten en las mejores máquinas de ejercicio y cuentan con entrenadores personales, masajistas y nutricionistas. Entienden que una de las claves para tener una prosperidad legendaria es desarrollar una energía ilimitada.

Muchas de las personas a las que he asesorado meditan, controlan la calidad de su sueño para optimizarlo, toman baños de hielo, sudan a diario en saunas, respiran aire puro con regularidad y van a clínicas de longevidad para, bueno, prolongar su longevidad. (Consejo profesional: si de verdad quieres vivir la vida más rica posible, no te mueras).

Quizá te preguntes cuándo encuentran tiempo para trabajar. Verás, esas almas suelen ser minimalistas: dicen que no a la mayoría de las actividades para poder llegar al nivel más alto en solo unas pocas. Son esencialistas, no maximalistas, ya me entiendes.

Y, lo que es más importante, saben que para alcanzar una elevada situación económica es absolutamente necesario invertir dinero en mejorar su salud y su vitalidad. Entienden que la misión número uno para alcanzar la cima de la prosperidad económica es no ponerse enfermo. Todas las cosas que he enumerado que hacen cuestan dinero, claro, pero la enfermedad cuesta aún más.

Más salud equivale a más energía. Más energía significa mayor productividad. Una productividad mayor da como resultado aportar un valor superior a tu sector. Y la respuesta natural del mercado a los seres humanos que crean productos y servicios espléndidos que mejoran la vida de los demás es mayores ingresos. Si tú y yo estuviéramos sentados juntos en mi biblioteca, frente a un fuego crepitante, dibujaría un esquema de mi metodología en otra servilleta, que sería algo así:

MEJOR SALUD = MÁS ENERGÍA: ▲ MAYOR PRODUCTIVIDAD
= MAYOR VALOR PARA TU SECTOR ▶ MAYORES INGRESOS

Sí, mejorar tu salud aumenta la vitalidad que impulsa tu productividad y potencia la entrega de valor a la economía, lo que tiene por resultado que disfrutes de una mayor prosperidad.

Ah, y si prolongas tu vida diez o veinte años incorporando los hábitos correctos de salud, piensa a cuántas personas más enriquecerás, lo que me hace pensar en cuánto dinero más ganarás al ampliar tu ayuda. Como en cierta ocasión escuché decir al famoso multimillonario Ted Turner: «Se beneficia más quien sirve mejor». Sabias palabras.

94

La mejor jugada de los maestros del dinero

Uno de los principales hábitos para tener éxito en la quinta forma de riqueza, después de aumentar tu salud y tu energía, es pensar por ti mismo. Es uno de los principales impulsores de la victoria que han experimentado los creadores de imperios económicos.

A estas personas no les importa que las ridiculicen con tal de seguir fieles a sus instintos, sus intuiciones y su valiente visión de un futuro mejor. En realidad, recogen las piedras que les lanzan sus detractores y las convierten en movimientos que dan testimonio de su audacia.

En nuestra cultura actual casi todo el mundo sigue a la multitud, se guía por lo que hacen (y compran, comen y dicen) los *influencers* y actúa como les dicen que actúen. Demasiados se convierten en ovejas obedientes frente a personas más fuertes y sabias.

La semana pasada leí una reseña acerca de un libro sobre creatividad escrito por un famoso productor musical. El crítico atacaba la obra con agresividad, porque eso es lo que hacen los críticos (si tuvieran el talento y el coraje para crear la obra que condenan, lo habrían hecho).

Decía que el libro no tenía mucho de memorias (aunque no pretendía ser unas memorias).

Aseguraba que el libro no contaba muchas anécdotas de las experiencias del productor en el estudio con las superestrellas de la música con las que había trabajado (no pretendía tratar ese tema, sino compartir sus conocimientos sobre el proceso creativo).

Señalaba que el libro no tenía mucho valor y sugería que no valía la pena comprarlo.

Después de leer la reseña miré los comentarios en internet. «Gracias por esta reseña tan útil. Me ha ahorrado comprarme el libro», decía uno.

Mmm. Solo he oído cosas buenas sobre la repercusión de este hombre inmensamente creativo, que es más artista que productor. Y como me fascina la forma en que los artistas mejoran su labor y crean obras que cautivan a los demás, enseguida compré el audiolibro, al margen de la negatividad que lo rodeaba.

¿Y sabes qué? Es una de las guías más útiles y reflexivas que he leído jamás para aprovechar la creatividad humana y producir obras maestras.

La lección que extraemos es esta: Piensa por ti mismo.

Dudo sinceramente que el crítico leyera el libro de principio a fin. En serio. (Por cierto, esto me recuerda a otra cosa que hacen los multimillonarios: profundizan más que amplían y, en lugar de ser superficiales y ligeros, van a la esencia de lo que deciden ganar).

Y estoy bastante seguro de que el crítico no es muy creativo, porque no creo que entendiera lo que dice el autor, y eso me recuerda aquello que Bob Dylan aconsejó en cierta ocasión: «No critiques lo que no entiendes».

Lo que debes aprender de este capítulo: quienes comentaron en internet tomaron lo que leyeron en la reseña como la verdad absoluta (sin pensar por sí mismos), y se perdieron ideas y herramientas que los habrían ayudado a maximizar su arte de forma exponencial.

Uno incluso dijo: «No se necesita un libro para aprender a expresar la creatividad. Solo hay que ponerse y hacerlo».

¿De verdad? Qué tontería.

Como si la sabiduría conseguida con tanto esfuerzo que

pone por escrito un ser humano que ha trabajado en el tema
durante décadas (al más alto nivel mundial) no fuera útil para
evitar errores, acortar la curva de experiencia y estimular la
imaginación para conseguir cosas que antes se consideraban
imposibles.

Confía en tus propias opiniones. Y fortalece tu fe en tu emocionante misión, además de proteger tus sinceras inclinacio-
nes, aunque toda la tribu se ría de ti. A todos los visionarios los
ridiculizan al principio, antes de venerarlos.

95

El multimillonario en la mansión vacía

Hace unos años, mi equipo recibió una solicitud de un famoso empresario. Quería que lo ayudara a añadir uno o dos ceros a su fortuna, a recuperar la salud y a encontrar más alegría, paz y libertad en su vida, ridículamente complicada.

Tras considerar la solicitud durante varias semanas, acepté reunirme con el magnate. Tomé un vuelo de muchas horas a su ciudad natal, en un país lejano, me registré en mi hotel y revisé mis notas para preparar nuestro encuentro. (Otro consejo profesional: sé siempre la persona más preparada en cualquier situación, porque si no estás demasiado preparado, no lo estás en absoluto).

Subí a un taxi, que atravesó bulevares arbolados dejando atrás edificios famosos hasta llegar a una zona que parecía poblada de embajadas, grandes fincas y mansiones gigantescas.

El taxi se detuvo ante una de las casas más grandes, majestuosas y sensacionales que he visto jamás. Un asistente me recibió en las altas puertas de hierro forjado y me guio por jardines de fragantes flores, elaboradas esculturas al aire libre de famosos artistas y una serie de casas para huéspedes de arquitectura impresionante.

Al final llegamos a la mansión, en la zona principal del extenso complejo. El asistente abrió la puerta, me condujo por el vestíbulo de mármol y cruzamos una sala de estar en cuyas paredes colgaban cuadros de valor incalculable, con fabulosas alfombras orientales cubriendo el suelo y muebles a medida con montones de libros de negocios.

Recorrimos un largo pasillo, bajamos una escalera y entramos en lo que parecía un complejo subterráneo.

Al otro lado de una pared de cristal se veía un garaje lleno de Ferraris, Lamborghinis y Bugattis. Otro pasillo situado a la izquierda nos llevó hasta una puerta metálica. Me llegó el olor a humo de tabaco.

«Está dentro esperándolo, señor Sharma —me dijo el ayudante—. Hoy está de buen humor, así que disfrutará mucho de la reunión. Tenía muchas ganas de verlo».

Al abrirse la puerta vi un enorme despacho con una gran mesa de madera vintage en el centro y ordenadas pilas de papeles encima. Las estanterías del suelo al techo contenían aún más libros. Sonaba «For Whom the Bell Tolls» de Metallica. Sí, sonaba Metallica.

Una larga calada al puro. El humo llenó el espacio.

El cliente tenía poco más de cuarenta años y llevaba una sudadera negra con capucha, pantalones de chándal negros y una gorra de béisbol negra sobre el pelo castaño ondulado. En una muñeca llevaba un gran reloj de acero inoxidable y en la otra varios cordones rojos. Aunque era relativamente joven, parecía viejo. Cansado. Y en muy baja forma.

Charlé con el famoso multimillonario durante más de tres horas. Le hice un montón de preguntas y tomé páginas y páginas de notas. Le pregunté sobre su vida en ese momento, sus mayores triunfos y sus sufrimientos más profundos. Sondeé sus esperanzas y sus sueños. Lo interrogué sobre su imperio del entretenimiento y sus inversiones. Le pedí que me hablara de su rutina matutina, sus rituales de trabajo, sus hábitos antes de irse a dormir y su estilo de vida en general.

Después le dije:

—Háblame de tu familia, por favor.

No había encontrado muchos datos sobre la vida personal del magnate, así que suponía que por alguna razón su equipo había recibido instrucciones de borrar todos los detalles de internet.

Se quedó un buen rato callado y dio otra calada al puro.

—No tengo familia.

—¿Qué quieres decir? —le pregunté—. Alguna persona habrá que te importa y a la que le importas. No vives solo en este complejo, ¿verdad?

—Sí —me contestó—. Estoy solo. Con mi equipo de asistentes. Sin familia. Sin amigos de verdad. Prácticamente solo.

Desvió la mirada. Oí un suspiro.

No voy a contar nada más de esta reunión. Y lo que he contado ha sido solo para reforzar un relato aleccionador: muchas personas con mucho dinero en realidad están atrapadas en la pobreza. Hay muchas cosas increíblemente importantes que el dinero (que al fin y al cabo solo es una de las ocho formas de riqueza) no puede comprar. Sin duda, tener suficiente es importante, y por eso me acompañas en esta parte del libro, pero, en una época en la que la sociedad suele medir el éxito mundano solo por la magnitud de la cuenta bancaria y la riqueza de la cartera de acciones, te recuerdo con humildad que no tiene sentido que dediques tu vida a escalar esta cumbre aparentemente satisfactoria para llegar a la cima solo. Y vacío.

96

La gratitud es una impresora de dinero

Es un día soleado en mi casa de campo. Veo viñedos a lo lejos, oigo ladridos y me anima el canto de los pájaros que escucho a través de la ventana de la habitación donde escribo. No sé por qué, pero, en esta época de tanta complejidad, el canto de los pájaros me hace feliz. Muy bien. Empecemos la siguiente lección con esta idea: cuando te centras en algo en la vida, verás más cosas relacionadas con ello. Las cosas a las que prestas atención son amplificadores, y las cosas en las que centras tu mente son maximizadores, así que no sigas dándole vueltas a lo que no funciona cuando tienes la opción de obsesionarte con lo que es genial.

Lo que nos lleva con aún más profundidad a la importancia de la gratitud. La gratitud es el antídoto contra el miedo, ¿sabes? Y una puerta de entrada a la prosperidad.

Cuando te regodeas en la precariedad y te limita la inseguridad porque estás preocupado y ves tu futuro como una catástrofe, pierdes oportunidades, degradas tu productividad y no consigues incubar las ideas que podrían hacerte rico. Desde un punto de vista metafísico, no dar gracias por los dones que posees le dice al universo que no valoras las cosas buenas de tu vida, lo que bloquea el flujo de la abundancia.

Lo que valoras se revaloriza y lo que celebras aumenta tu deleite.

Así pues, por simple que parezca, mientras suena la edificante melodía de Pink «Cover Me in Sunshine» en la desordenada habitación en la que escribo (con mi fiel perra a mi lado), te sugiero que cuentes tus dones. Dirige (y entrena) tu percepción hacia las cosas que aumentan tu alegría y te hacen sentir seguro, bien y exitoso. La energía de esta positividad permitirá que más dinero inunde tu vida. Sí, sin duda así será.

Considera el triunfo ajeno como tu victoria

Las personas envidiosas rara vez encuentran libertad económica. Queda dicho. La envidia es un veneno para el pensamiento (y el corazón) que destroza tu creatividad, contamina tu productividad, minimiza tu valentía y te impide crecer hacia la versión más elevada de tu mejor visión.

El tiempo que pasas sintiendo animadversión por las victorias de otra persona te roba el que podrías haber dedicado a producir las tuyas. Es un hábito completamente inútil. E indigno de tu carácter rico, grande y noble.

«Entonces, Robin, ¿cómo puedo dejar de tener envidia de la buena suerte de los demás?», podrías preguntarme.

«Deja de tenerla», te contestaría en tono amable pero firme.

Deja de buscar en internet lo que están haciendo y consiguiendo los demás.

Deja de compararte con *influencers* y defiende tu singularidad, tus dones y lo que te hace especial. Tienes talentos que las personas a las que admiras sueñan con tener.

Deja de querer lo que ves que posee otra persona, porque quizá la sabiduría que gobierna el mundo sabe algo que tú no sabes y ha decidido que lo que quieres no es lo mejor para ti.

Supongo que lo que en realidad intento decirte, con mucho amor y respeto, es que lo que es bueno para ti te llegará, y lo que no es tuyo no será tuyo, así que ¿por qué vas a quererlo?

Y, lo que es aún más importante, empieza a poner en práctica el fantástico hábito de alegrarte de los logros, los triunfos y las victorias de los demás. Con concentración y esfuerzo constante (mejoramos con la práctica, ¿verdad?), en solo unas semanas avanzarás en la reprogramación y reestructuración de tu arquitectura interior para convertirte en una persona no envidiosa, y tu manera de actuar conseguirá que te lleguen también a ti grandes experiencias.

Una última reflexión: si alguien te tiene envidia es porque cree que eres mejor que él. Y tienes la vida que en secreto desea.

98

Recuerda el lema de que los hábitos vencen al coeficiente intelectual

Tener buenos hábitos todos los días de la semana es más valioso para la riqueza económica que una inteligencia extraordinaria. Memoriza este tatuaje cerebral, cántalo por la calle y grita este lema a los cuatro vientos, porque es muy importante.

En realidad, y voy a mojarme, muchos de los multimillonarios a los que he asesorado no son las personas más inteligentes del mundo. Son brillantes, sin duda, pero no más que cualquier persona promedio. Según mi experiencia, ser demasiado inteligente, demasiado académico y tener demasiada formación hace que uno piense demasiado las cosas. Y aceptar solo lo que dice el *statu quo* es razonable, pero todos los inventos, las innovaciones y los avances llegaron de la mano de un creador que pensó (y después hizo) lo imposible.

¿Recuerdas a Roger Bannister, el corredor? Todo el mundo decía que ningún ser humano podía correr una milla en menos de cuatro minutos. Y creían que si lo hacía, su cuerpo explotaría. El corredor seguramente moriría. Pero Bannister era un posibilista, así que entrenó a diario, comió de forma adecuada, descansó bien, estudió su deporte, mantuvo una actitud positiva, corrió su mejor carrera y rompió la barrera. Lo curioso es que a las pocas semanas de haber demostrado que era posible, otros empezaron a correr la milla en menos de cuatro minutos.

Recuerdo una de mis citas favoritas, del dramaturgo irlandés George Bernard Shaw: «El hombre razonable se adapta al mundo; el no razonable se empeña en que el mundo se adapte a él. Por lo tanto, todo avance depende del hombre no razonable».

En cualquier caso, lo que quiero decir es que los grandes hombres y mujeres que han creado grandes fortunas económicas no son aquellos con el coeficiente intelectual más alto, sino los que tienen mejores hábitos.

Incorpora a tu vida hábitos excelentes. Y dedica ahora un tiempo a reflexionar sobre esta regla de que el modo óptimo de mejorar el futuro de tu dinero es enriquecer las rutinas que llevas a cabo hoy.

Utiliza palabras que evoquen la riqueza

En esta sesión me gustaría tratar el tema del poder de las palabras.

Las palabras que decimos tienen mucha influencia y mucha energía. Demasiadas almas buenas recurren a un vocabulario demasiado impreciso. Y, créeme, esto reduce su prosperidad. En mis conferencias de liderazgo siempre hablo del poder supremo de las palabras. Empiezo recordando a mi audiencia que elimine los cotilleos de sus comunicaciones y que evite hablar mal de otras personas, ya que de alguna manera lo perciben. Además, si hablas mal de los demás, ten por seguro que ellos hablarán mal de ti.

Después le digo a mi público: «Hablad como líderes, no como víctimas». Utiliza palabras débiles y no solo se reducirá tu rendimiento, sino que alejarás de ti a quienes te rodean, que podrían ayudarte a conseguir tu poderosa misión y tus aspiraciones éticas, porque a nadie le atrae la negatividad, la apatía y la toxicidad.

Como siempre, el inicio de la transformación es tomar mayor conciencia de la calidad de tu lenguaje. A medida que te des cuenta de que las palabras que envías al universo son de baja calidad, podrás empezar a hacer pequeñas pero importantes mejoras para elevar tu capacidad de comunicación al siguiente nivel de maestría. Introducir de manera constante, cada día, pequeñas optimizaciones que pueden parecer insignificantes produce resultados sorprendentes.

A efectos prácticos, te ofrezco esta lista de palabras que puedes utilizar a diario para potenciar tu influencia, tu rendimiento y tu prosperidad económica:

Posible	Liderazgo	Sensacional
Poder	Concentración	Maravilloso
Maestría	Útil	Sorprendente
Sí	Excelencia	Positivo
Valiente	Agradecido	Heroico
Poderoso	Creatividad	Crecimiento
Constancia	Magia	Inspirado
Oportunidad	Ilimitado	Generoso
Hermoso	Voluntad	Sabiduría
Mejora	Amor	Compromiso
Transformar	Genio	Servicio

La autosugestión es una herramienta fácil, sólida y muy práctica para apropiarte de tu poder innato y convertirte en un líder, un comunicador y un ser humano más íntegro e influyente que cree el valor que generará más dinero.

100

Aplica la regla anticocaína de Tracey Emin

Soy un gran admirador de la artista británica Tracey Emin. Su arte me llega, me encanta y a veces me confunde, y todo ello me hace sentir más vivo. Y más audaz a nivel creativo. En una entrevista muy interesante con el *Financial Times*, reconoció que se le da bien el dinero. Posee un complejo de propiedades en Margate, Inglaterra, una casa en el sur de Francia y una elegante casa en la Fitzroy Square de Londres. Esta es la parte que más me gusta:

> Como artista, se supone que no debes reconocerlo, porque que se te dé bien el dinero significa que no eres creativo, que no eres espiritual. La razón por la que me ha ido tan bien con el dinero es porque en la década de los noventa nunca consumí cocaína. Jamás. Creo que ahorré la misma cantidad de dinero para comprarme mi primera casa que la mayoría de las personas en aquel entonces se metían por la nariz.

Un comentario sabio para todo creador de riqueza económica: No malgastes el dinero que tanto te ha costado ganar. Jamás. No se trata solo de no metértelo por la nariz. No malgastes esta recompensa por el ingenio que has aportado al mercado en:

- constantes comidas caras en restaurantes que reducen tu buena salud y te cuestan una energía valiosa;
- ropa que solo vas a ponerte una vez y caros relojes que se quedan en un cajón;

- coches lujosos y hoteles elegantes que solo te proporcionan selfies para impresionar a los demás, pero en los que la rentabilidad de la inversión es prácticamente nula.

Entiendo que lo que te digo es de sentido común, pero hoy en día el sentido común es bastante escaso.

Vive por debajo de tus posibilidades

Ayer pasé una hora hablando con un líder financiero conocido en algunos círculos como «el banquero de los multimillonarios».

Un amigo de un amigo mío lo conoce. El banquero lee mis libros y me pidió que tomáramos un café juntos.

Llegué preparado con preguntas que me parecían importantes para que también yo pudiera aprender del tiempo que pasáramos juntos y para que no se produjeran los silencios incómodos que a veces aparecen cuando hablas con una persona por primera vez.

¡Me encantó conocerlo! Era amable, humilde e interesante.

El caballero era un excelente oyente, un pensador sofisticado y una persona que sin duda había pasado mucho tiempo analizando su filosofía personal sobre cómo quería mostrarse y actuar en el mundo.

Cuando le pedí que me diera su mejor consejo financiero, me contestó sin dudarlo: «No recurras al apalancamiento financiero». (Sí, entiendo que esto va en contra del frecuente consejo de que utilices el dinero de otras personas para hacer crecer tu fortuna. Hay muchas maneras de crear libertad económica, y nada en la vida es blanco o negro, ¿verdad?).

Siguió explicándome que «el mejor amigo de los inversores es el tiempo». El tiempo permite que el dinero se acumule en un largo horizonte. Y, como sabes, la acumulación puede provocar un crecimiento exponencial de tu riqueza si tienes la disciplina de esperar, esperar y esperar.

«Pero si has pedido dinero prestado, puede llegar un momento en que el banco se convierta en un lobo ante tu puerta que te pide que se lo devuelvas. Lo que significa que no obtendrás los beneficios de la acumulación. Por eso es inteligente vivir por debajo de tus posibilidades e invertir sin apalancamiento».

Todos sabemos que deberíamos hacerlo, pero a menudo no cumplimos esta regla. Me recuerda a las sabias palabras del gurú de las inversiones Warren Buffett sobre el peligro del exceso de deuda: «Solo cuando baja la marea descubres quién nadaba desnudo».

Un cliente que fundó un importante fondo de cobertura compartió una vez una idea sobre el dinero que nunca he olvidado: «La verdadera razón por la que la mayoría de las personas no salen adelante a nivel económico es que a medida que aumentan sus ingresos, también aumentan los costes de su estilo de vida. Ganan más dinero y después, en lugar de utilizar una cantidad relativamente pequeña para vivir e invertir el resto de forma inteligente, utilizan el dinero extra para comprarse una casa en un barrio donde vive gente más rica. Esto los presiona a comprar los coches que tienen sus vecinos, a ir de vacaciones a las islas del Caribe a las que va su comunidad y a llevar a sus hijos a los colegios caros a los que sus vecinos llevan a los suyos. Así que, al final, no les queda nada que ahorrar e invertir. A menudo, aunque sus ingresos aumentan, acaban endeudándose cada vez más».

Así que antes de correr a hacer tu próxima compra, pon en práctica una herramienta que yo llamo «el reductor de tentaciones en veinticuatro horas». Consulta la compra con la almohada. Espera veinticuatro horas y vuelve a considerarlo. La mayoría de las veces la tentación desaparecerá. Tu impulso de conseguir lo que querías en ese momento se habrá diluido. Y tu forma de pensar más sensata (y responsable) habrá regresado, lo que te ahorrará dinero (mucho con el paso del tiempo). Muchas malas decisiones monetarias las toman personas que estaban cansadas (o aburridas, o enfadadas, o hambrientas) cuando las tomaron.

Y asegúrate de vivir por debajo de tus posibilidades para que puedas invertir tu dinero en cosas sensatas, no en juguetes deslumbrantes que en el futuro lamentarás tener.

Todo el negocio multimillonario de la acumulación se ha creado porque muchas personas compran mucho más de lo que necesitan. Reduce lo que quieres, limítate a atender tus necesidades y observa la abundancia que fluye. Comprar menos también reduce los residuos del planeta, de modo que harás un bien a la Madre Tierra (y a la felicidad de las generaciones futuras).

«El camino hacia la riqueza depende sobre todo de dos palabras: diligencia y frugalidad; es decir, no malgastar tiempo ni dinero, sino hacer el mejor uso de ambos». Es un consejo del escritor, inventor, estadista y filósofo Benjamin Franklin (por cierto, lee su autobiografía; es uno de los mejores libros de mi biblioteca). Un consejo que vale la pena memorizar.

102

Los hábitos de las personas muy ricas

Las personas muy ricas tienen los siguientes nueve hábitos en común, además de los que ya he mencionado:

Hábito 1: Concentración monomaniaca. En una época en la que casi todo el mundo sufre el síndrome de la falta de concentración, los magnates del dinero han desarrollado la magnífica capacidad de centrarse casi por completo en la ejecución impecable de los pocos proyectos que harán realidad sus aspiraciones éticas. Cuando trabajan, lo hacen de verdad y entienden la inutilidad de hacer por hacer. Y de perder horas de sus mejores días navegando por internet sin sentido o haciendo búsquedas triviales.

Hábito 2: Positividad invencible. Los titanes financieros son optimistas inquebrantables. Valoran mejorar el mundo con sus innovaciones y esperan un futuro más rico gracias a sus inventos. Son maestros del espíritu emprendedor, no de los títulos, y creen que su creatividad, su productividad, su trabajo en equipo y sus aportaciones a su sector son tremendamente más importantes para su éxito que un destino afortunado o tener suerte.

Hábito 3: Heterodoxia singular. Sin duda ven lo que todos vemos, pero piensan lo que pocos se atreven a pensar. Evitan la tentación de copiar. Son personas muy imaginativas, conciben planes extraordinarios para nuevas empresas que cambian de forma radical las existentes y ofrecen nuevos beneficios a millones de consumidores. Por mucho que los llamen locos, saben que pueden soñar con cosas aún más grandes. Y les importa muy poco la desaprobación de los demás.

Hábito 4: Resolución extrema. Mantienen sus valiosos objetivos frente a las tormentas de críticas, los ataques de detractores despiadados y los dolorosos arranques de inseguridad. Como el perro con un hueso, estos creadores de movimientos se han acostumbrado (mediante el entrenamiento) a la resiliencia, la persistencia y la determinación sobrehumana para terminar lo que empiezan. Los multimillonarios han desarrollado la capacidad de soportar grandes dolores. Y siguen siempre adelante.

Hábito 5: Asunción inteligente de riesgos. Los magnates no son nada tontos cuando se trata de aprovechar oportunidades y maximizar la victoria. En absoluto. Son maestros de «asumir riesgos cubriéndose». Asumen riesgos que tienen muchas posibilidades de convertirse en grandes victorias. La clave aquí es recordar que «si no pides, no recibes» y que «sin riesgo no hay recompensa».

Hábito 6: Perfeccionismo controlado. Sí, estas personas son en su mayoría perfeccionistas absolutos. Si son fundadores de una cadena hotelera, pueden retrasar dos meses la apertura de un establecimiento porque el mármol que pidieron para el restaurante no es del color exacto. Si son fundadores de una empresa tecnológica, insistirán en llevar el producto al nivel de exquisitez de la *Mona Lisa* antes de lanzarlo (Steve Jobs quería que los iconos del iPhone fueran tan mágicos que los usuarios quisieran lamer la pantalla). Si su ámbito es el entretenimiento, serán implacables a la hora de asegurarse de que su película o su álbum sea excelente, por mucho que tengan que sufrir para conseguirlo.

Hábito 7: Creación de líderes. Los grandes líderes crean a más líderes. (Lee esto dos veces, por favor, porque si no estás creando a más líderes, en realidad no estás liderando, sino solo siguiendo a los que lideran). Una de las principales formas en que los magnates financieros aumentan su fortuna es explotando el apalancamiento. Y no se trata solo de apalancarse en términos de «deuda buena»; me refiero a desarrollar el talento de liderazgo de las personas que te rodean. A medida que creas a más líderes que puedan llevar a cabo tu poderosa misión con maestría militar, te quedará tiempo para hacer solo lo que mejor sabes hacer (y lo que más te gusta). No puedes hacerlo solo. Y cuanto mayor sea tu sueño, más importante será crear un equipo de primera.

Hábito 8: Orientarse a la solución. Muchas personas se centran en el problema que tienen delante en lugar de en la solución que les espera. (Todo problema conlleva una solución, aunque en ese momento no la veas). Este rasgo se debe al sesgo de negatividad del cerebro humano que hemos visto en una sesión anterior, un rasgo que nos resultaba muy útil hace decenas de miles de años, cuando cada día nos amenazaba la muerte por inanición o por ataques de animales o tribus beligerantes. Los maestros del dinero se han programado con paciencia, a través de la práctica diaria, para buscar la oportunidad que encierra toda dificultad y la solución que depara todo problema. Recuerda que un problema solo se convierte en problema cuando lo vemos como tal.

Hábito 9: Utilidad continua. Ahora sabes bien que el dinero es la recompensa por la utilidad que has ofrecido. Los magnates eligen negocios que mejoran la vida de miles de millones de seres humanos, lo que a su vez les genera miles de millones de ingresos. Es muy difícil conseguir prosperidad económica cuando eliges una oportunidad con pocas posibilidades de que tenga repercusión.

Muy bien. Espero que estos nueve rasgos de los grandes magnates te ayuden a crecer. Terminaré aquí este capítulo más largo de lo habitual porque les he prometido a mis padres que los llamaría, así que tengo que ir a hacerlo. Hablaremos más tarde.

103

Desarrolla la disciplina de duplicar

Otra cualidad de los magnates que recomiendo es su casi obsesión por duplicar su dinero lo antes posible. Cuando consideran una nueva oportunidad, una de las primeras preguntas que se hacen es: «¿Hasta qué punto el riesgo es elevado, y en qué medida puedo conseguir tantos beneficios como para duplicar mi capital, como mínimo?».

En los círculos financieros, este tipo de pensamiento se conoce como la regla del 72, que dice que con una rentabilidad del diez por ciento, necesitarás unos siete años para duplicar tu dinero.

Verás, la mayoría de las personas trabajan por dinero e intercambian sus horas por ingresos, pero quienes crean fortunas participan en proyectos que les permiten ganar dinero mientras duermen. Y acumular exponencialmente con el tiempo. Debes entenderlo porque es muy importante: hacen que su dinero trabaje para ellos. (A este hábito también lo llaman método SWISS: vender mientras duermo tranquilo, por sus siglas en inglés).

Los seres humanos económicamente ricos aprenden primero la habilidad de ganar dinero y después la de multiplicarlo aplicando la disciplina de duplicar. Por ejemplo, según la regla del 72, 100.000 dólares se convierten en 200.000 en unos siete años a un índice del diez por ciento, en 400.000 a los catorce años, en 800.000 a los veintiún años, en 1,6 millones a los veintiocho años, en 3,2 millones a los treinta y cinco años, en

6,4 millones a los cuarenta y dos años, y así sucesivamente, sin que hayas invertido esfuerzo. Te limitas a dormir tranquilo. Y a soñar.

Por último, las superestrellas del dinero ejercen la tercera y totalmente diferente habilidad de proteger su riqueza económica. Una cosa es ganarlo, otra aumentarlo y otra asegurarse de no perderlo. Sin estas tres capacidades no estarían donde están.

Te dejo con estas palabras del actor Steve Martin:

> Me encanta el dinero. Me encanta todo lo relacionado con él. He comprado cosas bastantes buenas. Tengo un lavabo de piel. Un cepillo de dientes eléctrico para perros. Un jersey de cuello alto con motor de gasolina. Y, por supuesto, también he comprado algunas cosas absurdas.

104

Convierte el tiempo de ver vídeos en ingresos

Aquí tienes una idea sencilla pero poderosa para elevar tu nivel de prosperidad en la quinta forma de riqueza: convierte la mayor parte de las horas diarias que pasas viendo vídeos de poco valor en internet en tiempo productivo que cree un profundo valor para otros seres humanos.

Esto podría significar que dediques ese tiempo a leer para aumentar el conocimiento y la experiencia que aportas a tu mercado. Quizá puedes aprovechar esas horas libres para escribir más en tu diario sobre tus ideales heroicos, tus metas más emocionantes y el estilo de vida que imaginas. O puedes emplear ese tiempo perdido en mejorar tu forma física, dedicarte a una pasión extraordinaria o mejorar tus relaciones.

Podrías dedicar esas horas a impartir un curso en internet sobre un tema que te encante (que podría acabar ayudando a muchas personas de todo el mundo), crear una aplicación que revolucione todo un sector, fundar una empresa innovadora o escribir un guion que haga las delicias de la humanidad. Alguien lo hará, así que ¿por qué no tú? Y si no es ahora, ¿cuándo?

Aún mejor, podrías aprovechar el tiempo que pasas haciendo el tonto para dar un paseo por la naturaleza con tu pareja, hablar con tus padres o mantener una conversación interesante con un amigo de toda la vida.

La vida pasa en un abrir y cerrar de ojos. Y el tiempo que perdemos nunca lo recuperamos. Jugar con dispositivos digitales puede ser divertido de vez en cuando, claro, pero hacer que tu vida sea hermosa, próspera y rica de verdad mientras contribuyes al bienestar del mundo es un juego que te llena de alegría.

¿Por qué hacerlo si no te da felicidad?

Por favor, no me envíes un mensaje que diga: «Para ti es fácil, pero para nosotros la vida es dura, tenemos facturas que pagar y es imposible vivir la vida como sugieres». Entiendo que la vida puede ser dura. He sufrido mucho más de lo que crees.

Y aunque te sorprenda, yo también tengo facturas que pagar, un montón de obligaciones que cumplir y más sobre mis hombros cansados de lo que te imaginas.

Lo único que intento decirte en esta sesión es: ¿por qué hacer algo si no te encanta?

Antes daba conferencias para clientes de Fortune 500 en todo el planeta que duraban un día entero. Durante años recorrí el mundo hablando en grandes estadios de liderazgo, de cómo dominar los cambios y de cómo formar equipos de líderes de alto rendimiento en todos los niveles jerárquicos.

Llegó un momento en que esas largas horas en el escenario dejaron de ser divertidas. De hecho, empezó a parecerme agotador tener que dar conferencias hasta bien entrada la tarde, cuando había empezado por la mañana.

Un día, durante una larga comida bajo el sol de la ciudad de Nueva York, un amigo me dijo: «¿Y por qué no organizas tu carrera como conferenciante haciendo solo lo que quieres hacer?».

Un punto de inflexión. Un momento que cambia la vida. Una visión radical, sencilla y muy hermosa.

Y eso hice. (Tienes más poder del que crees y más opciones de las que piensas, aunque ahora mismo creas que no).

Dejé de aceptar invitaciones de todo un día y volví a mi verdadero amor: conferencias de setenta y cinco minutos. ¿El resultado? Al rechazar el setenta por ciento de las solicitudes que me llegaban, recuperé la alegría. ¿Y sabes qué? En lugar de perder invitaciones, me llegaron muchas más.

Hice lo mismo en otros ámbitos.

Me negué a trabajar con personas que agotaban mi energía.

Me deshice de los proveedores que ponían excusas, me causaban problemas y prometían demasiado, pero no cumplían.

Evité todas y cada una de las actividades que ensombrecían mi felicidad.

¿La fantástica y un tanto extraña consecuencia de hacer solo lo que alimentaba mi alegría (y en lo que era mejor)?

Nuestra empresa creció. Atraje a clientes de más categoría. Nuevos compañeros de equipo que querían demostrar maestría, trabajar con creatividad y unirse a nuestra misión de hacer de nuestro precioso mundo un lugar mucho más espléndido llamaron a nuestras puertas.

En mi vida personal aumentó drásticamente la inspiración, el entusiasmo y la libertad.

¿La valiosa lección para ti? Crea tu carrera profesional a tu manera. Es un sinsentido ser infeliz cuando tienes los días contados.

106

Recluta una junta de directivos fallecidos

Nadie puede hacerlo todo solo. Los deportistas de élite tienen coaches por algo: para que los empujen más allá de sus límites y consigan los mejores resultados. El primer uso conocido de la palabra *coach* como guía se remonta a la Universidad de Oxford, donde hacia 1830 la empleaban de manera coloquial para referirse a los profesores, que llevaban a los alumnos a través de una materia como en un coche de caballos (*coach*). Así, un coach es una persona que transporta a un individuo desde un punto de partida en su aprendizaje hasta el lugar al que desea llegar.

Un buen coach te animará a continuar cuando tengas ganas de detenerte, te ahorrará tiempo mostrándote atajos para llegar a tu meta y hará que tomes responsabilidad y no busques coartadas para no hacer lo que has prometido hacer.

Por supuesto, un excelente mentor tiene su coste. Y si estás en una situación en la que tu presupuesto no permite esta inversión monetaria, tengo una solución: en lugar de trabajar con un coach vivo, busca uno muerto. Sí, lo digo en serio.

He tenido tantos maestros desaparecidos hace mucho tiempo que me ayudaron muchísimo que no puedo recordarlos a todos. Durante años estudié a Nelson Mandela para aprender sobre el heroísmo cotidiano, al emperador romano Marco Aurelio para obtener sabiduría para toda la vida, a la madre Teresa para recibir orientación sobre el servicio a los demás, a William Shakespeare sobre la calidad artística, a Benjamin

Franklin sobre la formación del carácter, a Amelia Earhart sobre el coraje, al rey espartano Leónidas sobre cómo convertir los problemas en victorias, a Miguel Ángel por sus consejos artísticos, a Isaac Asimov para conseguir grandes cosas (escribió quinientos libros en su vida, así que solo soy un aficionado) y a Florence Scovel Shinn, Joseph Murphy, Maxwell Maltz y Kahlil Gibran por sus consejos sobre metafísica y espiritualidad.

Estos individuos y una amplia variedad de otros grandes seres humanos han sido para mí una especie de silenciosa junta de asesores a través de las ideas que ofrecieron en sus memorias o autobiografías, o en libros inspirados en sus vidas bien vividas. Permíteme que te sugiera que también tú encuentres tu junta de directivos fallecidos.

107

Siéntate para enriquecer tus ideas

En su valioso clásico *Piense y hágase rico*, el escritor Napoleon Hill escribe sobre un inventor que tenía una práctica poco frecuente que le reportó una fortuna.

El hombre había montado una habitación a la que iba a «sentarse en busca de ideas».

En la habitación solo había una mesa y una silla. El inventor apagaba la luz, entraba, cerraba los ojos y esperaba a que su inteligencia creativa le enviara soluciones a los mayores problemas que intentaba resolver con sus inventos.

En una época en la que muy pocos pasamos tiempo a solas (e incluso cuando lo hacemos no dejamos de mirar el móvil), sé una de esas personas extraordinarias que abrazan el poder de estar solos y en silencio.

Ve al lugar tranquilo. Cierra la puerta. Apaga la luz. Y siéntate a buscar las ideas que te permitirán aportar grandes soluciones a los problemas que apremian a las personas. Tu creatividad y tu ingenio se verán recompensados.

Pienso en lo que en cierta ocasión dijo el matemático francés Blaise Pascal: «Todos los problemas de la humanidad surgen de la incapacidad del hombre para sentarse en una habitación solo y en silencio». Tenía razón, ¿verdad?

Bendice tu dinero cada día

Hoy me he despertado más tarde de lo habitual. ¡Nada de club de las 5 de la mañana! Estos últimos días mi entrenamiento físico ha sido más duro, así que necesitaba descansar. Y no pasa nada, por supuesto, aunque no caigas en la trampa de confundir la pereza con la necesidad de recuperarte.

Pero permíteme que vaya al grano. Hace unos años, en una antigua y polvorienta librería del centro de Londres, encontré un libro titulado *Bring Out the Magic in Your Mind*, escrito hace mucho tiempo por un hombre llamado Al Koran, conocido entonces como «el mejor mago mental del mundo». En un capítulo titulado «The Secret of Wealth» («El secreto de la riqueza»), escribe lo siguiente:

> Cuando gastes tu dinero, recuerda siempre bendecirlo. Pídele que bendiga a todos los que toque, ordénale que salga y alimente a los hambrientos y vista a los desnudos, y ordénale que vuelva a ti multiplicado por un millón. No lo pases por alto.

¿Por qué no aplicas el extraño pero fascinante consejo de este autor los próximos días? Y ves lo que pasa.

Cuando pagues la compra, bendice en silencio a todos aquellos que han ayudado a traerte los alimentos: los agricultores que los han cultivado, los trabajadores que los han recogido, los camioneros que los han transportado y los cajeros que te los han cobrado.

Si vas a pagar la reparación del coche, ¿por qué no agradecer en silencio a todos los trabajadores de la fábrica que lo hicieron, a los transportistas que lo trasladaron y a los mecánicos que han conseguido que vuelva a funcionar?

Cuando compres un libro en una librería, bendice al librero, y cuando disfrutes de una taza de café, glorifica al camarero. Ya me entiendes. Conviértete en un ilimitado y entusiasta propagador de gratitud. Para elevar vidas. Y para aumentar tu riqueza.

Como nos enseña la verdad intemporal, la mano que da, recoge.

109

Ser bueno es un buen negocio

Ayer impartí una conferencia ante un grupo entusiasta de once mil grandes líderes en São Paulo. Hablé sobre la importancia de aprovechar los cambios vertiginosos para conseguir un éxito exponencial. Dije que cuanto mayor es el sueño, más esencial es el equipo. Señalé que los mejores líderes crean a más líderes y son héroes servidores, que anteponen el crecimiento y el bienestar de su gente a las necesidades de su ego. Y ofrecí la idea de que cuanto más sabios, valientes, sanos y dignos nos volvamos, más magníficos serán nuestros resultados en los negocios, porque lo que sucede dentro determina lo que se desarrolla fuera. Y para cambiar el mundo debemos empezar por mejorarnos a nosotros mismos.

Un hombre muy educado y bien vestido, con un impecable traje gris y zapatos negros que relucían como el sol en un perfecto día de verano, se me acercó después de la conferencia y me preguntó si tenía unos minutos para responder a una pregunta.

—Claro, ¿en qué puedo ayudarlo? —le pregunté.

—Un fondo de capital de riesgo ha invertido en mi empresa. Debo aumentar los beneficios rápidamente para tenerlos contentos. Me gusta su idea de actuar de una manera que sea buena para la sociedad y también para nuestra empresa, lo que ha dicho sobre «vincular el sueldo al objetivo» y que los grandes líderes «encuentran una causa más grande que ellos mismos». Pero no es práctico. Lamento decírselo, Robin.

Mmm. Ser una persona de gran integridad, honestidad impecable, sólidas virtudes y un corazón noble no solo es bueno para el alma. Es fantástico para el motor económico de tu negocio. De hecho, no se me ocurre mejor ventaja competitiva que ser una persona a la que los demás respetan y en la que confían.

Ser bueno es un buen negocio. Y a los líderes que hacen cosas excelentes les suceden cosas excelentes.

Si crees en tu cruzada y, además de ayudar a que los sueños de tus clientes se hagan realidad, haces lo necesario para cuidar a las personas que te rodean, garantizarás en gran medida que tu reputación mejore, tu equipo te sea leal y tus clientes pasen a ser tus fanáticos seguidores. Que se sientan tan inspirados y estén tan encantados contigo y tu equipo que les cuenten a todos sus conocidos lo que haces.

Esto mejorará el resultado final, por supuesto. Drásticamente.

El comentario de aquel hombre daba por sentado que trabajar con menos ego, más honor y mayor devoción por beneficiar a los demás le haría ganar menos dinero. Se equivocaba.

Todo lo contrario. Servir con generosidad, buen talante, maestría y dignidad lo hará rico, a nivel tanto económico como espiritual.

Liderar con cariño, autenticidad, dignidad y amor (¡lo he dicho!) hace que tu equipo, tus clientes, tus proveedores y tus inversores se enamoren de ti y hagan todo lo posible por protegerte.

Hacemos negocios con las personas que nos caen bien. Los seres humanos ofrecen negocios a personas en las que confían. Y todos queremos ofrecer nuestra lealtad a personas que nos hacen sentir especiales.

Le comenté estas cosas al hombre que asistió a mi conferencia. Él asintió, aunque no sé si estaba del todo de acuerdo conmigo. Después me estrechó la mano y se alejó entre la densa multitud.

Sé un líder muy humilde

Los maestros siempre creen que son aprendices. Y los profesionales mantienen la mentalidad de aficionados, siempre con sed de aprender, mejorar y evolucionar. Aunque ya hemos hablado de esta idea, es fundamental que la reforcemos para que la recuerdes después de que nuestro tiempo juntos haya terminado.

Convertirte en un experto en tu campo es peligroso. ¿Por qué? Porque los expertos caen en la trampa de creer que lo saben todo. Desarrollan un enorme orgullo por lo mucho que saben y dejan de estar dispuestos a cambiar de opinión. Dejan de estudiar, prepararse, trabajar, innovar y optimizar. Se duermen en los laureles y creen que por estar en la cima seguirán en ella para siempre. Esta arrogancia es el principio de su fin.

Te animo a que hagas todo lo posible por mantener la humildad a medida que avances hacia el éxito que te atraerá más dinero. La maestría duradera exige humildad. Y los grandes líderes no piensan demasiado en sí mismos. No digo que no tengas una elevada autoestima. Lo único que digo es que, en esta cultura en la que demasiadas personas se dan autobombo y pregonan su genio, guardes silencio. Y sigas abierto.

Quizá creas que no eres un líder, pero lo eres. Hace años escribí un libro titulado *El líder que no tenía cargo*. Puedes liderar sin tener cargo, influir sin tener posición e impactar sin poseer autoridad formal.

Cuando uno de mis hijos era pequeño, le pregunté qué significaba ser un líder. La respuesta fue inolvidable: «Papá, en la escuela, cuando tenemos que salir al patio, la persona que va primera en la fila es el líder. Pero lo bueno es que cada día hay una persona distinta al principio de la fila, y así a todos nos toca ser líderes».

Pero liderar sin cargo no es el tema principal de este mensaje. Lo importante aquí es recordarte que debes ser humilde en las habilidades que persigues, en el trabajo que haces y en la vida que llevas. Porque el más humilde es el más grande.

Lo que me lleva a una historia que nunca he olvidado sobre Konosuke Matsushita, el fundador de la empresa mundial de electrónica Panasonic.

Un día fue a comer a un asador del centro de Tokio. El personal estaba en alerta máxima y se comportaba lo mejor posible sabiendo que uno de los iconos japoneses de los negocios estaba en el restaurante.

Con los ojos de todos los presentes puestos en él, sirvieron al ilustre empresario un bistec perfecto, preparado con gran minuciosidad por el eminente chef. Matsushita se comió un trozo, pero dejó la mayor parte del bistec.

Quienes lo observaban desde la cocina parecían angustiados y un poco desconsolados. Sentían que no habían conseguido impresionar a su venerado cliente y se lo tomaron como una derrota personal.

El gran empresario pidió hablar con el chef, lo que puso aún más nervioso al equipo. Todos pensaron que habría despidos y se arruinarían reputaciones.

Pero sucedió algo totalmente distinto.

Cuando el chef salió de la cocina, Matsushita le dijo con la cabeza baja y una voz envejecida y susurrante: «Le ruego que me perdone. Su comida ha sido excelente. Soy un hombre mayor y ya no como tanto. Solo quería decírselo para que no crea que no he disfrutado de su exquisita comida. Se la agradezco. Y agradezco a su excelente equipo su generosa hospitalidad».

Mientras lideras sin cargo y creas la fortuna económica que te parezca más verdadera y honesta, te recomiendo que mantengas los pies en la tierra. Vuélvete más humilde a medida que asciendes. Más dispuesto a aprender. A escuchar. A inventar. A optimizar. A servir. Y nunca presumas. Es de mala educación. Y degrada tu grandeza.

Haz todo lo que te sugiero y seguirás en la cima durante mucho tiempo. Y uno de los principales objetivos del éxito es no solo alcanzarlo, sino mantenerlo. Las personas corrientes aspiran a alcanzar la cima. Las leyendas se dedican a seguir ahí durante toda su carrera profesional; así es como las generaciones siguientes saben que estuvieron en lo más alto.

Mi querido padre solía decirme: «Robin, el árbol que da más frutos es el que más se inclina». Te ruego que lo pienses durante las próximas horas. Aunque en nuestra sociedad todos hagan lo posible por mostrarte lo inteligentes, fuertes y ricos que son, sé un líder humilde. Y un ser humano con los pies en la tierra.

111

La inversión más rentable

Acciones, metales preciosos, letras del tesoro y bienes inmuebles. Aquí es donde suelen aterrizar los inversores. Muy bien. Pero si de verdad quieres que tu inversión sea rentable, te recomiendo que inviertas mucho más en ti mismo. Crear tu mejor yo es tu mejor inversión, con diferencia. Ahora se suele llamar «autocuidado». O se clasifica como «desarrollo personal». O se categoriza como «optimización humana». Al margen de la etiqueta, invertir tu concentración, tu energía, tu conocimiento y tu tiempo en elevar tu mente (tu psicología), purificar tu corazón (tu afectividad), ajustar tu cuerpo (tu estado físico) y mejorar tu alma (tu espiritualidad), lo que ahora conoces como «los cuatro imperios interiores» según mi metodología, es absoluta, incuestionable e indiscutiblemente la mejor inversión que puedes hacer. La que tiene mayor rentabilidad.

Mejorar tu mente leyendo, reafirmando, planificando, meditando, visualizando y orando cada mañana aumentará de forma drástica tu concentración, tu creatividad, tu positividad, tu resiliencia y tu productividad, así como tu sensación de paz (y nada te saldrá más caro que perder la tranquilidad).

Incrementar el bienestar de tu corazón mediante la gratitud, los periodos de silencio, llevar un diario, trabajar con un terapeuta, recibir cuidados corporales con frecuencia, pasear por la naturaleza y la hipnosis, por ejemplo, enriquecerá en buena medida tus relaciones personales y profesionales (porque tu inteligencia emocional se dispara y tu empatía con los demás brilla), te hará mucho menos reactivo en tiempos de estrés, convertirá el dolor en fuerza y transformará el miedo en múltiples variedades de fortuna.

Mejorar tu estado físico con el ejercicio diario, sudando a primera hora de la mañana, comiendo mejor, tomando los suplementos adecuados, adentrándote con precaución en el ayuno, tomando el sol (con moderación), respirando aire puro, haciendo siestas y durmiendo bien te proporcionará enormes ganancias de energía, resistencia, felicidad y rendimiento, y además te alargará la vida.

E intensificar la intimidad con tu alma mediante la oración, dedicar tiempo a la contemplación, estudiar libros inspiradores, escribir sobre en quién quieres convertirte y ser útil a los demás aumentará tu heroísmo personal y expandirá tu sabiduría.

Así que lo repito para que te quede claro: tu vida siempre es un reflejo de ti. A medida que asciendes, tus condiciones exteriores aumentan para ponerse al nivel de tu grandeza humana. Sé que puede parecer esotérico y poco práctico, pero es muy práctico. Mejora como persona y tus ingresos, tu influencia y tu impacto mejorarán (mucho).

Nuestra cultura nos enseña lo contrario. Nos educan para que creamos que cuando obtengamos victorias mundanas, de alguna manera nos despertaremos sintiéndonos victoriosos como personas. No es verdad.

La puerta al éxito se abre hacia dentro, no hacia fuera. Cuando inviertes para crear una vida interior espléndida atendiendo a diario a los Cuatro Imperios Interiores, tus resultados exteriores te ofrecerán beneficios exquisitos.

112

Haz la pregunta de los mil millones de dólares

A menudo he recomendado a las personas a las que asesoro que hagan una pregunta a sus clientes. Una pregunta sencilla con la que han ganado miles de millones de dólares. Te la contaré con la intención de ayudarte. Dice así:

«Gracias por contarme qué le ha gustado de su experiencia con nosotros. Ahora le ruego que me diga lo que no le ha gustado y cómo mejoraría las cosas si estuviera en mi lugar».

Así de sencilla, pero enormemente valiosa. Confía en mí.

Es muy poco frecuente que un empresario tenga el valor de pedir opiniones y comentarios constructivos a las personas que consumen sus productos y servicios, aunque esta información es oro puro que mejorará tanto a ellos como su negocio, y los hará más exitosos y duraderos.

Ah, y después de haberlo preguntado, escucha. Veo a muchas personas apresurarse a analizar por qué han tenido problemas y poner excusas en cuanto el cliente empieza a darles la respuesta que le han pedido. No lo hagas. Pregunta y quédate en silencio para que tu cliente pueda compartir contigo unos conocimientos que, en cuanto los apliques, llevarán tu negocio a un nuevo nivel de éxito. Y cuando hayas escuchado su respuesta, pregúntale «¿Y qué más?» para que tu cliente te ofrezca más información de inmenso valor.

La pregunta de los mil millones de dólares roza la magia. ¿Por qué? Porque casi todos nosotros sufrimos una temible aflicción llamada miedo al rechazo. Solo queremos escuchar lo positivo. Un consumidor puede contarte lo que le ha gustado de hacer negocios contigo (porque, como la mayoría de los seres humanos odiamos los conflictos, te contará las cosas buenas que quieres escuchar) y marcharse para no volver (si en su experiencia como cliente ha habido partes malas). Después irá a contarles a sus vecinos y a miles de amigos virtuales lo que no le ha gustado, y eso destruirá tu reputación y tu marca. Si solo escuchas lo positivo, te perderás todo el tesoro.

113

Adora en silencio a los que te odian

Sí. Soy raro. No solo te he animado a que bendigas tu dinero, sino que ahora te instaré a que adores a los que te odian.

Aprecio a mis competidores, valoro a los que me hacen daño y aplaudo a mis detractores (por suerte no son muchos).

Me encanta el concepto de *namaste*, tan tradicional en la India, al conocer a otra persona. Juntar las manos es un gesto que significa «Me inclino ante lo divino que hay en ti». ¿Te imaginas inclinándote ante lo divino (y los dones, y la bondad) que existe en todas las personas? (Aunque estoy de acuerdo en que en algunas parecen muy ocultos).

A menudo me despierto y hago una oración rápida por la salud y la felicidad de mi familia, mis amigos, mi equipo y mis queridos lectores.

Después paso a bendecir a los que me han apoyado cuando he estado mal. A los que me han ayudado cuando me han hecho daño. A los que se han quedado a mi lado en las tormentas y los incendios.

Continúo la rutina bendiciendo a mis clientes, mis vecinos y mis conciudadanos. Incluso bendigo una sala antes de entrar y al público antes de subir al escenario para que todas las personas con las que me encuentro sientan mis vibraciones positivas y mi alentadora energía.

Pero la cuestión es que también envío mis mejores deseos a los que no los merecen tanto. A mis detractores, a los troles, a los aprovechados y a quienes no me desean lo mejor.

Envío en silencio luz, amor y una sincera oración con buenos deseos a los que me han hecho daño, a los que se han portado mal conmigo y a los que han hecho todo lo posible por destrozarme la vida.

Esta bendición me hace más fuerte. Los ayuda a volverse más sabios. Y creo que si todos hiciéramos lo mismo cada mañana, nuestro mundo sería un lugar más luminoso.

114

La codicia no es felicidad

El hombre del jet privado que no puede dormir hasta tener tres más. La mujer que posee una isla entera pero no se sentirá realizada hasta que adquiera todas las de alrededor. El empresario que tiene mil millones pero necesita diez mil. ¿Sabes cómo los llamo? Adictos.

¿Y sabes cómo se le llama a una persona que tiene mucho pero le parece poco? Codiciosa, codiciosa y codiciosa.

Es muy fácil creer que las personas que tienen mucho a nivel material son muy felices.

Las personas codiciosas nunca son felices, al margen de lo que parezca su vida desde fuera. A los demás puede parecerles que lo tienen todo y que viven encantados.

En realidad, la mayoría son desgraciados. ¿Por qué?, te preguntas. Porque para ellos nada es suficiente. Y en cuanto alcanzan una cima, empiezan a desesperarse por escalar la siguiente. Nunca disfrutan ni saborean los frutos de su trabajo. Todo es una carrera. Todo es una competencia por ser mejor que otro. Un largo concurso en el que se esfuerzan por vencer a todos los demás.

No es una manera sabia, exitosa y tranquila de vivir. Evítalo a toda costa, por favor.

Relacionarse, no transaccionar

«Cuida las relaciones, y el dinero se cuidará solo» es un mantra que vale la pena recitar (y después subrayar).

Demasiados negocios se centran en el dinero en lugar de en el largo plazo.

Un magnate de una empresa emergente al que asesoro (elevó tremendamente su patrimonio en menos de doce meses) ha contado que hace poco fue a un restaurante muy conocido de una ciudad que a los turistas les encanta. A los cinco minutos de entrar, le insistieron en que hiciera su comanda. Y en diez minutos la comida estaba frente a él para que dejara la mesa libre cuanto antes para otro cliente.

No volverá, por supuesto. Piensa en los ingresos que habría tenido el restaurante si mi cliente, su familia y sus amigos fueran a menudo. Con el paso de los meses, los años y las décadas, la cifra ascendería a decenas de miles de dólares, si no más (le encanta el vino tinto caro).

Acaba de mudarse a esa ciudad y me ha dicho que si lo hubieran tratado bien, habría comido allí un par de veces por semana. Y habría dejado buenas propinas.

¡Todo perdido! Porque el dueño se centraba más en hacer transacciones que en forjar buenas relaciones con los seres humanos que elegían ir a su restaurante. Trataba a las personas como mercancía en lugar de ver las relaciones personales como una oportunidad (que proporcionaría felicidad a él y a los demás, además de aumentar sus ventas).

Toda persona viva lleva un cartel invisible que grita: «Haz que me sienta importante». En esta era de las máquinas, todos deseamos contactos personales enriquecedores, un lugar del que sintamos que formamos parte y un poco de amabilidad. Actuar así es bueno para tus ingresos. Y maravilloso para tu bienestar.

Mis diez mejores libros para la prosperidad

Cuando un cliente multimillonario me muestra su biblioteca (después de haber cenado juntos, suelen invitarme a continuar la conversación en esta sala de su casa), los diez libros que veo con más frecuencia (o que me dicen que más los han ayudado a crear su imperio económico) son los siguientes:

Como un hombre piensa de James Allen
Piense y hágase rico de Napoleon Hill
Cómo ganar amigos e influir sobre las personas de Dale
  Carnegie
The Richest Man in Town de Randall Jones
The Millionaire Fastlane de MJ DeMarco
Cómo atraer el dinero de Joseph Murphy
The Ten Roads to Riches de Ken Fisher
La magia de pensar a lo grande de David Schwartz
How to Get Rich de Felix Dennis
Las siete leyes espirituales del éxito de Deepak Chopra

Léelos todos, por supuesto, y recuerda que el líder que más aprende, gana.

117

Para ganar un millón, ayuda a un millón

Una serie de cambios aumentarán en buena medida el flujo de dinero en tu vida...

- contar tu historia para reescribir tu destino;
- pasar del entretenimiento constante a la formación permanente;
- pasar de estar siempre ocupado a producir de forma lenta, centrada y enriquecedora;
- pasar de competir con otros a superar a tu antiguo yo.

Pero cuando se trata de generar riqueza económica, pocos cambios son tan potentes como ser menos consumidor y más creador. Bernard Arnault, una de las personas más ricas del mundo, dijo: «El dinero solo es una consecuencia. No te preocupes por la rentabilidad. Haz bien tu trabajo. Mejora la vida de los demás. La rentabilidad llegará».

Para decírtelo con mayor claridad: todo creador de imperios fabrica cosas que consume la mayoría. (Te sugiero que lo leas dos veces).

Cuanto mayor sea el problema que resuelvas, a más personas ayudarás. Y, como sabes, el dinero es la recompensa por el valor y la magia aportados al mercado. Para ganar un millón, sirve a un millón. Para convertirte en multimillonario, ayuda a muchos millones de personas.

Y eso exige que te olvides de las redes sociales, dejes de ver vídeos de poco valor y hagas algo que importe.

Menos consumo. Menos comprar todo objeto que nos atraiga. Menos llenar nuestra casa y nuestros armarios de cosas que en realidad no necesitamos y que nunca nos han gustado. Y en su lugar crear, construir y generar algo a partir de tus valientes ideas, tu talento innato y tu impresionante esfuerzo.

Por eso puedes optar por ver el aumento de tu riqueza económica como una búsqueda espiritual. Servir sinceramente a otros seres humanos con maestría, ingenio y excelencia les enriquece la vida, te muestra tus talentos y dones ocultos, reduce los problemas del mundo (mediante las innovaciones), te da sentido y aumenta tu libertad económica. ¡Es perfecto!

Quizá estas palabras de Steve Jobs sean una buena manera de cerrar esta parte del libro dedicada a la quinta forma de riqueza. Dijo: «No me interesa ser la persona más rica del cementerio. Lo que me interesa es meterme en la cama cada noche diciéndome que hemos hecho algo maravilloso».

Comunidad

El hábito de convertirte en tu red social

Las personas inteligentes suelen tener
menos amigos que las demás.
Cuanto más inteligente eres,
más selectivo te vuelves.

NIKOLA TESLA

La sexta forma de riqueza

Comunidad / Breve resumen

Para mí, la comunidad no es solo tu barrio y la zona donde vives, compras, cenas y paseas. En la parte del libro que estamos a punto de abordar utilizo el término para describir el clan social más amplio y la tribu humana fundamentales para crear una existencia significativa, alegre y enriquecedora.

Debemos ajustar la idea de que los contactos determinan el patrimonio neto de una persona para añadir que la comunidad y las relaciones también aumentan el valor personal. Cuantas más personas buenas y maravillosas tengas en tu círculo, mejor te sentirás contigo mismo y con lo que puedes hacer, tener y llegar a ser en la vida.

Recibirás multitud de recompensas cuando inviertas en una órbita social excepcional. Los magníficos ejemplos de los demás te elevarán. Siempre contarás con un buen grupo de seres humanos que te apoyarán, animarán y defenderán. Tendrás ayuda cuando la necesites y un grupo de personas con las que podrás contar cuando menos lo esperes. Se te abrirán puertas que antes estaban cerradas (porque tus amigos y alianzas también tienen amigos y alianzas) y a medida que otros te presenten su red de personas de confianza, empezarán a aparecer oportunidades para alcanzar más éxito. Además, el mero hecho de relacionarte con almas espléndidas hará que tus días sean mucho más felices, sanos, satisfactorios y enriquecedores.

Basta una sola conversación con una persona inspiradora,

sabia o compasiva para cambiar tu forma de ver el mundo y reordenar cómo te muestras ante él, así que selecciona bien a las personas que forman tu red social. Es una forma de riqueza fundamental. Y tener una vida más rica depende de ello.

118

Elige un barrio más luminoso

Si eres la persona más curiosa, entusiasta y feliz de tu calle, quizá ha llegado el momento de mudarte a otra. Si eres la persona más inteligente que conoces, quizá (solo quizá) ha llegado el momento de conocer a gente nueva. Si eres la persona más visionaria y creativa de tu círculo social, quizá ha llegado el momento de reconstruir tu círculo. Y si eres la persona más sabia, valiente y amable de tu barrio, entonces creo que ha llegado el momento de que te mudes a un barrio totalmente diferente.

Es mi opinión. Siempre jugarás mejor cuando juegues con mejores jugadores, ¿verdad?

Una de mis películas favoritas es *Una buena receta*. Trata de un chico malo, un chef con dos estrellas Michelin y con demonios personales, que en su día era el niño mimado de la restauración parisina, pero que a consecuencia del consumo de drogas tuvo que marcharse a trabajar a un sencillo restaurante rural, donde cumplió su penitencia abriendo millones de ostras.

En una escena, el famoso chef está en la cocina de su archirrival, que en un raro momento de vulnerabilidad reconoce: «Eres mejor que yo, lo que te convierte en el mejor. Los demás necesitamos que nos lleves a lugares a los que de otro modo no iríamos».

Para conocer la verdadera fortuna debes rodearte de grandes personas. Hazte amigo de personas que piensan, producen, viven y aman mejor que tú. Personas que te llevarán a lugares a los que no irías. Y que te elevarán a niveles que de otro modo no alcanzarías.

Vive la vida de tu héroe

Me gusta hacer la siguiente pregunta a los líderes con los que trabajo para mejorar y perfeccionar el universo de sus relaciones: «Si pudieras elegir, ¿qué vida te encantaría vivir?».

La respuesta siempre pone de relieve su red social ideal (y su estilo de vida personal), porque las personas que nos rodean son magníficos ejemplos de los resultados que están a nuestro alcance.

Te ruego que hagas una pausa y respondas también tú a la pregunta. ¿Te gustaría ser Rosa Parks por un día o Rembrandt durante una semana? ¿Qué tal Alejandro Magno durante un mes o Juana de Arco durante un año?

Quizá te gustaría descubrir cómo era la vida de Martin Luther King, JFK, Mandela o Mahatma Gandhi. Puede que te emociones pensando en pasar el resto de tus días como Rockefeller, Sam Walton, Miguel Ángel o Harper Lee, la estrella del pop Prince o la artista musical Lady Gaga.

No sé en quién soñarías convertirte si estuviéramos juntos en la terraza de mi casa de campo, bajo el sol de la Toscana, hablando de tu futuro. Lo que sí sé es que tu pensamiento es una profecía autocumplida. Y que nunca conseguirás un resultado que ni siquiera hayas considerado.

120

Haz lo que dices que vas a hacer

Un mensaje rápido para ti: cuando le digas a alguien (a cualquiera) de tu comunidad que vas a hacer algo, hazlo. Así de sencillo, aunque muy poco frecuente. Te convertirás en una persona de confianza, con credibilidad e inolvidable para todos aquellos con los que interactúes. Destacarás en lugar de encajar como un engranaje de la máquina o un seguidor del rebaño.

En el trabajo, dile a una persona que te pondrás en contacto con ella y llámala en el momento exacto en que le prometiste que lo harías.

Dile a un amigo que lo invitarás a cenar para celebrar su cumpleaños, y después reserva una mesa en el restaurante y llévalo a cenar.

Comenta a tu pareja o a tu hijo que vais a hacer algo especial una noche, y después planifica la salida con gran cuidado, programa el evento (porque las cosas que se programan son las que se hacen) y llévalos.

¡Sí! Conviértete en un gran maestro en hacer lo que has dicho que harías y en un mago en cumplir tu palabra.

Es demasiado frecuente que las personas no cumplan sus promesas. Es posible que tengas tantos compromisos que estés agobiado y no puedas cumplir tu palabra. Te sugiero con toda humildad que conviertas en una práctica diaria no hacer promesas que no vayas a poder cumplir. Mejor que prometas poco y cumplas lo que prometes a cada una de las personas que tienes la suerte de tener en tu círculo.

Establece una alianza intelectual

Uno de los métodos que me ha funcionado de maravilla es tener una alianza intelectual. Se trata de un grupo de dos o más personas que se reúnen con frecuencia para compartir sus avances en proyectos importantes, animarse mutuamente a seguir avanzando, ofrecer soluciones a problemas desafiantes y mantener conversaciones interesantes que impulsan el crecimiento que hace que sus días sean mejores.

Durante años, todos los viernes a las seis de la mañana me reunía con mi compañero intelectual en una cafetería para charlar durante un par de horas. A veces nos regalábamos libros que nos gustaban y comentábamos nuestros planes de aprender cosas nuevas, estar en mejor forma física, lanzar nuevos proyectos creativos o iniciar nuevas búsquedas espirituales.

En esas sesiones nos reíamos, nos contábamos historias y, cuando pasábamos por un periodo difícil, incluso llorábamos. Llegué a considerar un tesoro esas reuniones de los viernes por la mañana con mi compañero intelectual (después pasábamos de la cafetería a un bosque, donde charlábamos paseando por los senderos). Me encantaba lo que aprendía, agradezco mucho el estímulo que recibía y aún recuerdo lo bien que me hacían sentir esos momentos de conversación con un espíritu afín que veía el mundo como yo.

Establece una alianza intelectual. Dentro de un año desearás haberla empezado hoy, así que ¿por qué no empezarla hoy?

122

La regla de las cartas perdidas de Stephen King

Las notas de agradecimiento, escritas con sincera gratitud, podrían cambiar el mundo. Lo digo en serio.

Envío notas de agradecimiento a todas horas. En buen papel. Escritas con tinta. Algunas tardo media hora en escribirlas porque las pienso mucho. Recuerdo que un director ejecutivo tenía por costumbre enviar cinco mil tarjetas de Navidad cada diciembre. Empezaba el proceso en junio. Quienes las recibían sentían lo mucho que los valoraba. El magnate es una de las personas más ricas que conozco, a nivel tanto económico como social y espiritual.

Compré una cinta para correr en casa. Funciona muy bien, así que le escribí una nota al director de la empresa que las fabrica para darle las gracias por ayudarme a mantenerme en forma y hacer largas carreras. Y por lanzar un producto tan glorioso al universo.

Comí en un restaurante especial hace unas semanas. Era un lugar sencillo que ofrecía ingredientes locales cocinados al fuego. ¡Magia! Me impresionó tanto que le envié una nota al chef dándole las gracias por hacer mi vida un poco mejor con su fascinante comida.

Estoy leyendo *The Stories of My Life*, las memorias del exitoso novelista James Patterson. En un capítulo titulado «The Murder of Stephen King» («El asesinato de Stephen King»), Patterson explica que escribió una novela corta con ese mismo título. La gente de King le dijo: «No la publiques». Temían que pusiera en peligro la seguridad del escritor. (Su mujer, Tabitha, se había encontrado en cierta ocasión a un intruso que había irrumpido en su casa).

Patterson hizo caso. Su editorial, Little, Brown and Company, retiró toda la tirada. El escritor después comentó: «Y nadie envió jamás una nota para darme las gracias. Supongo que tiene problemas con las notas de agradecimiento».

Envía notas de agradecimiento a las personas que hacen cosas buenas para mostrarles tu gratitud, para que la vida les resulte más agradable y para que la tuya sea mucho más rica.

123

El karma no es místico, sino práctico

El dicho «Deja que el karma haga el trabajo sucio y que el éxito sea tu venganza» es poderoso y práctico. (No es que me interese lo más mínimo la venganza; qué pérdida de atención, energía y tiempo).

Llevo en el mundo el tiempo suficiente para saber que a las personas que hacen cosas buenas les suceden cosas buenas. Y que las personas que tratan mal a los demás acaban encontrando circunstancias no tan buenas. (Por cierto, todo individuo que te haya hecho daño tarde o temprano se sentirá avergonzado, culpable o triste por ello, créeme).

En cualquier caso, el universo tiene un sistema de contabilidad bien ordenado, así que juega siempre limpio, sé honesto y trata a todos y cada uno de los seres humanos de tu entorno con el respeto que merecen. Muestra amabilidad y generosidad, y eso es lo que obtendrás a cambio. Para recibir respeto debes ofrecerlo, ¿verdad?

Entre las formas prácticas (y sencillas) de hacer que las maravillas del karma trabajen a tu favor para incorporar la riqueza de la comunidad en tu vida, te propongo:

- Da buenas propinas al personal de limpieza de habitaciones de los hoteles. Son padres o madres de personas, y su trabajo no es fácil.
- En el centro comercial, después de comer deja la bandeja donde se supone que debes dejarla tras haberla vaciado.

- Si estás dando un paseo por la naturaleza y ves basura, recógela. Nunca pierdas la oportunidad de mostrar liderazgo personal y una integridad poco frecuente.
- Devuelve todo lo que pidas prestado (ya sea un libro, un jersey, dinero o un favor). Tu reputación no tiene precio.
- Cuando dejes el coche en un aparcamiento público (si conduces), coloca el vehículo de forma que otros puedan aparcar al lado (en los últimos tiempos veo muchos coches ocupando dos o tres plazas).
- Sé el primero en pedir perdón si has cometido un error, porque es mejor ser feliz en todas tus relaciones que hacerlo todo bien.

Sí, trata a los demás como te gustaría que te trataran a ti. «Hemos aprendido de memoria la regla de oro; ahora hagámosla realidad», señaló el poeta estadounidense Edwin Markham. En cuanto lo hagas (con constancia, que es la madre de la maestría), el oro que es una red de relaciones profunda, amplia y maravillosa brillará como una estrella fugaz en la más clara noche de verano.

124

Recuerda la ley de que los seres queridos desaparecen

Una confesión: quiero no solo a los miembros de mi familia, sino también a mis amigos, a las maravillosas personas de mi equipo, con las que estoy encantado de trabajar, a los clientes que me contratan para que los asesore, a las empresas que me piden que imparta conferencias y a los lectores, que me han permitido el honor de escribir libros durante más de un cuarto de siglo.

Sigo una regla que me ha sido tan útil que te invito a que la incorpores: Trata a todas las personas con las que te encuentras como si no fueras a volver a verlas. Porque los accidentes, las pérdidas y las emergencias forman parte de la vida.

Cuando estés con personas a las que quieres (o que te caen bien), en lugar de mirar el teléfono, mantente presente y sé real. (Nunca revises tus dispositivos digitales cuando tengas a un ser humano frente a ti. Es de mala educación). Porque las personas mueren cuando menos te lo esperas. O, sin ser tan dramático, los compañeros de trabajo cambian de empresa, la pareja se hace mayor y los hijos crecen. La mayoría damos por sentadas a las personas que tenemos más cerca hasta que las perdemos.

Un ejemplo. Cada vez que me trasladaba a un país que me resulta muy inspirador para pasar unos días escribiendo, un hombre muy especial, con una mente fascinante, un fuerte carácter y un gran corazón, me acompañaba a mi cabaña. En una visita reciente me recibió una cara nueva.

Le pregunté dónde estaba mi amigo. «No puede estar aquí —me contestó. Y tras una larga pausa añadió—: Murió hace unos meses. Un día estaba pescando y de repente se cayó al suelo. No volvió a despertarse. Todavía estamos en shock. Solo tenía treinta y siete años».

Así que recuerda que la vida cambia y que las personas pueden desaparecer de repente. Para enriquecer tu comunidad y añadir verdadera riqueza a tu vida, trata muy bien a todos los que te rodean. Llegará un momento en que te alegrarás de haberlo hecho.

125

¿Por qué tener un enemigo cuando puedes hacer un amigo?

La otra noche, después de un vuelo a Delhi, no podía dormir, así que vi la película *El rey Arturo*. Aprendí una gran lección que me gustaría compartir contigo hoy.

Es básicamente la siguiente: ¿Por qué tener un enemigo cuando puedes hacer un amigo?

Te escribo este mensaje desde Londres. Estoy en una habitación de hotel luminosa y de diseño peculiar, y suena Pavarotti. Ayer fui al Tate Modern (uno de mis museos favoritos), paseé durante horas junto al Támesis y después comí con un viejo amigo (en realidad no es tan viejo).

En la vida y en el trabajo pasan cosas, ¿verdad? Se producen conflictos. Las personas hacen cosas mal. Cosas que acaban causándote dolor. Y pena.

Te recomiendo ante todo que las perdones. Para ellas su comportamiento tuvo sentido en ese momento. Si fueran más conscientes, habrían actuado mejor. De modo que sí, perdónalas. Y ten en cuenta que perdonar el mal comportamiento de una persona no significa olvidarlo. Perdonar una conducta no es lo mismo que tolerarla. Solo significa que entiendes que hizo lo que pudo con lo que sabía. Y que por lo tanto eres capaz de dejarlo correr y seguir adelante con tu valiosa vida. Porque la vida es para los vivos.

Mi segunda sugerencia es que te perdones a ti mismo. Eres humano y es normal que dar vueltas a lo que te hicieron te frustre, te entristezca, te decepcione o te enfade. No pasa nada. La clave es experimentar esos sentimientos para después estar en condiciones de liberarlos, para no convertirte en un coleccionista de injusticias y no cargar con años de enfados que te bloquean la energía, la creatividad, la productividad y la felicidad.

¿La verdadera lección de este capítulo? No te acostumbres a hacerte enemigos. Y no te dediques a quemar puentes.

Siempre me sorprende la cantidad de personas que, cuando algo no sale como quieren, se ponen nerviosas, actúan de manera insensata y queman puentes en lugar de construir puertas de entrada. Cuando alguien te haya decepcionado, aprovecha toda oportunidad (o al menos la mayoría de ellas) para hacer un amigo. Una forma fascinante de mejorar tu vida, ¿verdad?

Sí, incluso un enemigo es demasiado. Debo decirte que, en todos los años que llevo en el mundo, solo he conocido a tres personas de verdad despreciables (a las que nunca permitiría volver a entrar en mi vida). Solo tres.

La mayoría de las personas se limitan a hacer lo que pueden. Los que están heridos hacen daño a los demás. Los que sufren hacen sufrir a los demás. Sé mejor que ellos, dales una segunda oportunidad y observa lo que hacen. Casi siempre te sorprenderán. Y, si no es así, también puedes ser su amigo, manteniendo la distancia.

126

Haz muchos regalos

Quiero contarte un secreto: una de mis actividades favoritas es hacer regalos. ¡Me encanta! Ser generoso, atento y conseguir que las personas sonrían es una de las mayores alegrías de mi vida. Y me he dado cuenta de que, aunque no hago regalos con la esperanza de recibir algo a cambio, la generosidad es una forma de plantar semillas. Cuando te comprometas a regalar con frecuencia, te llegarán las recompensas más sorprendentes.

Cuando tenía seis o siete años me encantaba un programa de televisión llamado *Mr. Dressup*. Lo emitieron durante casi treinta años y estaba inspirado en la famosa serie infantil *Mister Rogers' Neighborhood*.

El señor Dressup (interpretado por el actor Ernie Coombs) tenía dos mejores amigos, ambos marionetas: un niño llamado Casey y un perro llamado Finnegan, que, ahora que lo pienso, se parece un poco a mi perra SuperChum.

Cuando la persona que manejaba a Casey y Finnegan decidió marcharse porque consideraba que la televisión infantil estaba volviéndose demasiado comercial, el señor Dressup les dijo a los telespectadores que sus dos amigos ya no estaban en el programa porque habían ido a la escuela.

Y cuando llegó el último programa, no les dijo a los niños que veneraban la serie que era el último capítulo. Su despedida fue: «Terminamos cada programa diciendo: "Ahora tenemos que irnos. ¡Nos veremos pronto!". Pero esta vez será mentira».

Un día, siendo aún pequeño, le escribí una larga y sincera carta al señor Dressup contándole lo mucho que Casey, Finnegan y él significaban para mí. ¿Y sabes qué? Una semana después apareció en mi buzón una postal con una foto de los tres. En el reverso había una afectuosa nota del maestro que tanto me había enseñado sobre la vida.

Más de cincuenta años después de haber recibido ese regalo (de una persona que dedicó tiempo a enviarle una nota amable a un niño), todavía recuerdo la postal. Y el gesto del señor Coombs.

Si tengo una conversación interesante con un taxista, le pido que me escriba su nombre y su dirección en una hoja de papel. Y después, de inmediato (para no posponerlo y olvidarme), le hago una foto con el móvil y se la envío a mi asistente de confianza, Angela, pidiéndole que le mande por correo uno de mis libros.

Si tengo una charla agradable con el camarero de una cafetería, a menudo voy a una librería cercana, compro uno de mis libros favoritos, como *Meditaciones* del emperador romano Marco Aurelio, *El árbol generoso* de Shel Silverstein o *El guardián entre el centeno* de J. D. Salinger, y vuelvo para regalárselo (con una bonita dedicatoria).

Si hablo con el portero del hotel en el que me alojo (lo que hago a menudo), busco una buena tienda de vinos y le llevo una botella de un vino delicioso para que lo disfrute con su familia.

Si el dependiente de una tienda es bueno en lo que hace, positivo y muy atento, voy a comprar una bolsa de golosinas y vuelvo para regalárselas. (Y me quedo con unas cuantas para mí).

Como observó el cuáquero y misionero francés Étienne de Grellet: «Pasaré por este mundo solo una vez; por lo tanto, todo bien que pueda hacer o todo acto de amabilidad con que pueda obsequiar a mis semejantes, déjame hacerlo ahora. No me dejes aplazarlo ni descuidarlo, porque no volveré a pasar por aquí». Preciosas palabras.

127

Aumenta tu carisma

Acabo de leer noticias sobre desplomes de bancos, protestas en las calles y un terremoto que se ha llevado muchas hermosas vidas humanas. Me preocupa la inestabilidad de nuestro mundo, pero también sé que en los momentos más difíciles surgen los verdaderos héroes (así que sé uno de ellos). Como dijo el escritor Christopher Morley: «Puedes maldecir la oscuridad o encender una vela».

Tu pasión es contagiosa y tu energía personal puede ser magnética si haces lo correcto. Recuerda que tienes más magia dentro de ti de la que sientes en estos momentos. Aquí tienes siete maneras de aumentar tu carisma para aportar más inspiración al mundo (y desarrollar una red social aún mejor):

Llama a las personas por su nombre. Es una forma muy infravalorada de establecer relaciones auténticas con las personas con las que quieres mantener contacto. La realidad psicológica es que a las personas les alegra oír su nombre. Se sienten vistas, valoradas y especiales.

Sé puntual. Es mejor llegar una hora antes que un minuto tarde. El ritual de la puntualidad envía a la otra persona la señal de que la respetas. Cuando eres puntual, muestras que valoras el tiempo de la persona con la que te reúnes. Y dejas claro que no eres un informal.

Ten buenos modales. Oh, qué inspirador es observar a uno de esos escasos líderes con modales perfectos. Los hace destacar, destilar gracia y elevarse por encima de la manada, donde la falta de civismo es tan cotidiana como el aire que respiramos.

Sonríe sinceramente. Una sonrisa humana es un supremo acelerador de las relaciones. Y un activador de la confianza. En cualquier parte del mundo, aunque no hables el idioma, puedes hacer amigos e influir con honestidad e integridad en las personas ofreciéndoles una sonrisa sincera, así que hazlo más a menudo. Con la práctica te convertirás en el maestro de la sonrisa de tu localidad.

Preocúpate más por interesarte que por ser interesante. Te lo repetiré para que quede claro: nunca expresarás todo tu carisma natural y dejarás a las personas mejor de como las has encontrado si eres tan inseguro que tu principal objetivo es acaparar la atención. En un mundo de habladores, sé un líder silencioso. En una época de *influencers* deslumbrantes, conviértete en la persona más generosa que conozcas. Sé que parece contradictorio, pero cuanto más ilumines a los demás, más luz brillará sobre ti.

Sé vulnerable. El filósofo Marshall McLuhan observó: «Lo más personal es lo más universal». Cuando expones tus cicatrices y cuentas tus dificultades, los demás empiezan a creer en ti. Se identifican contigo. Les das permiso para ser reales. Y creas vínculos profundos.

Sé original. Los jerséis de cuello alto de Steve Jobs. Las grandes gafas de sol de Anna Wintour. La gorra de béisbol roja de Niki Lauda. Las hamburguesas de Warren Buffett. El taparrabos de Mahatma Gandhi. Todos ellos son ejemplos de accesorios que utilizan personas destacadas para, bueno, destacar. Si lo haces con autenticidad y sinceridad, vestirte o comportarte de forma diferente a la mayoría, pero más fiel a ti mismo, eleva en buena medida tu carisma. Y te hace inolvidable en tu campo.

Por cierto, esta charla sobre la originalidad me recuerda a algo que sucedió en una fiesta en honor del rey Jorge V en el palacio de Buckingham. Un periodista, al ver a Mahatma Gandhi con taparrabos y sandalias, le preguntó:

—Señor Gandhi, ¿cree que va vestido de forma adecuada para reunirse con el rey?

La respuesta del gran héroe fue espectacular:

—No se preocupe por mi ropa. El rey tiene suficiente por los dos.

Elle y yo vamos a ir al pueblo a disfrutar de una larga comida a base de burrata y pasta, así que debería terminar aquí este mensaje. Gracias por estar tan abierto a todo lo que te ofrezco. Creo de verdad que eres una persona especial. *Ciao.*

128

Ve a ver a las personas en persona

En una época de incesantes interacciones en internet, te recomiendo encarecidamente que aproveches al máximo todas las oportunidades de relacionarte con los demás en persona.

Me parece fascinante que justo ahora que tenemos la posibilidad de estar más unidos virtualmente sea cuando tantas almas buenas se sienten más solas que nunca. Es frecuente tener varios cientos de ciberamigos, pero mucho menos tener tres amigos con los que te reúnes con frecuencia para tomar un café o un té.

Una vez leí sobre una mujer que hacía con regularidad diez viajes en avión para participar en una reunión de sesenta minutos. «Las relaciones se construyen partiendo pan juntos y relacionándonos cara a cara», comentaba.

En Italia dicen: «No somos amigos hasta que hayamos comido juntos». Sabias palabras, ¿verdad?

La magia suele producirse cuando nos reunimos, nos estrechamos la mano, nos miramos a los ojos, sentimos la energía, percibimos la química y construimos la unidad que crea resultados especiales.

Así que deja el teléfono, sal de internet, ponte el abrigo y sal a pasear. E interactúa con las personas en persona.

Nunca sabes en quién se convertirá una persona

Hoy estoy en Bakú, Azerbaiyán, trabajando en esta parte del libro. Estoy escribiendo en la habitación del hotel. Al llegar encontré junto a un frutero una nota del director del hotel.

El mensaje era críptico. Decía: «Nos conocimos hace veinte años. Te lo contaré cuando nos veamos. Tu fan, Bob».

Lo llamé casi al instante. Tenía curiosidad por saber a qué se refería. Fue muy afectuoso al teléfono. Muy amable. Me invitó a tomar un té.

Mientras hablábamos en el elegante restaurante del establecimiento, me contó que su primer trabajo había sido en el servicio de banquetes de un sencillo hotel de una ciudad pequeña. Impartí talleres allí en mis inicios como conferenciante (al primero asistieron veintitrés personas, veintiuna de ellas miembros de mi familia). El personal sacaba un televisor para mostrar mis diapositivas (¡sí, un televisor!). Era muy amateur, de principiante, pero fueron mis comienzos, así que debo celebrarlos.

Bob se esforzó mucho, hizo su trabajo muy bien y ascendió hasta convertirse en el director de los banquetes. Cuando nos reunimos para tomar el té, me explicó que, aunque en aquellos momentos formaba parte de la dirección del hotel, le preocupaban tanto mis talleres que era él quien llevaba el televisor. Veinte años atrás sacando el televisor.

Y ahora allí estaba, de director general del elegante y maravilloso hotel Four Seasons de Bakú. Vestido de forma impecable y siendo un pilar de la comunidad.

Guardé su generosa nota. De hecho, la metí entre las páginas de mi diario para que me recordara el poder de las relaciones humanas en un mundo que se ha vuelto demasiado digital. Había tenido la suerte de encontrarme con una persona que recordaba la importancia de los pequeños gestos que crean vínculos y los sencillos actos de cariño. Gracias, querido Bob. Siempre te desearé lo mejor.

Su gesto me inspiró para escribir cuatro cartas en el papel que todavía ofrecen los buenos hoteles como el suyo. Una a mis padres agradeciéndoles su influencia y todas las cosas maravillosas que han hecho por mí a lo largo de mi vida (¡mamá y papá, gracias por tenerme!). Otra a Elle agradeciéndole su amor ilimitado y su aliento infinito en las duras y en las maduras. Y dos a mis queridos hijos, que me dan tantas alegrías.

Quizá lo más importante es que su nota me recordó que debemos tratar a toda persona con la que nos encontremos con el máximo respeto, con educación y amabilidad. Esta forma de vivir el resto de tu vida no solo es buena para tu conciencia y excelente para tu felicidad, sino que también es fantástica para crear tu círculo social, porque nunca sabes en quién se convertirá una persona.

130

Desea un buen día a los demás

Aunque estoy convencido de que el título de este capítulo refleja una idea fundamental, no se ve muy a menudo en la vida real: desear un buen día a los demás.

Una mañana, después de salir del gimnasio, me detuve en una tienda y compré una botella de agua y una de kombucha de bayas e hibisco.

Felicité a la chica que estaba detrás del mostrador por la variedad de productos, que iba desde originales barritas de proteínas hasta los cruasanes más increíbles que había visto en mi vida (no me compré ninguno, pero por la noche aún me despierto sudando después de haber soñado con aquellos dichosos cruasanes).

Ella me dio las gracias por mi felicitación de una manera maravillosa. Y después pagué mis bebidas.

Antes de marcharme le dije:

—Que tengas un buen día.

La chica sonrió. Se quedó un instante callada, mirándome fijamente, y después me contestó:

—Que tengas un buen día también tú.

Se necesita muy poco para levantar el ánimo de una persona. Para mostrarle un poco de bondad. Y para ayudarla a recordar que importa.

«Sé amable, porque todas las personas con las que te encuentras están librando una dura batalla», escribió el autor escocés Ian Maclaren.

Creo sinceramente que saludar con buen ánimo a una persona al encontrarte con ella y desearle que tenga un buen día al despedirte hará que nuestro mundo sea un lugar más fácil para todos. Te insto a que te unas a mí en este hábito.

131

Habla con los tipos raros

Una idea rápida para este mensaje: charla con piratas, júntate con inadaptados y come con bichos raros.

Nunca crecerás en creatividad, curiosidad, entusiasmo y sabiduría si solo hablas con personas que piensan, trabajan, juegan y viven como tú. Si eres panadero, hazte amigo de un jardinero. Si eres profesor, júntate con un estudiante. Si eres emprendedor, ve a tomar un café con un tatuador, y si eres banquero, ve a pasear con un gaitero. Estos gestos te harán rico.

Tu crecimiento no vive en un puerto seguro, sino en el océano azul. Y el mayor riesgo de la vida es no correr riesgos.

¡Sal a conocer a personas diferentes de ti! Hazles preguntas, come lo que comen ellas, aprende de sus lecciones y escucha sus historias (porque todos los individuos que conocemos tienen una lección que enseñar y una historia que contar si tenemos el valor de abrirnos a ellos).

Estas palabras atribuidas a Mark Twain me interpelan y espero que hagan lo mismo contigo:

> Dentro de veinte años estarás más decepcionado por las cosas que no hiciste que por las que hiciste. Así que suelta las amarras. Aléjate del puerto seguro. Atrapa los vientos alisios en tus velas. Explora. Sueña. Descubre.

Cava un pozo antes de tener sed

El gurú de los negocios Harvey Mackay escribió un clásico titulado *Dig Your Well Before You're Thirsty*. En él habla del cuidado con el que trata las relaciones humanas y de lo bien que se prepara (cuando es habitual presentarse en las reuniones sin estar preparado, pero con grandes expectativas) y lo mucho que profundiza para conocer los antecedentes, los intereses y los logros de la persona a la que está a punto de saludar.

Esto siempre deja asombrado al nuevo contacto de Harvey. Y da inicio a una relación de excelente nivel.

Quizá lo más importante es que aconseja «cavar un pozo antes de tener sed». Desarrolla relaciones mutuamente gratificantes y satisfactorias no cuando necesites algo de una persona, sino porque la conexión humana hará que su vida y la tuya sean más prósperas.

Somos inteligentes, así que detectamos la falta de sinceridad a miles de kilómetros de distancia. Construye tu comunidad social en torno a ser útil, por la amistad y el desarrollo personal que te brindará estar rodeado de personas maravillosas. Nunca lo hagas porque necesitas un favor. Ni porque esperas una oportunidad.

133

No seas siervo del teléfono

Ya lo he comentado antes, pero quiero decirlo aún más alto: no utilices el teléfono ante un ser humano con el que te has comprometido a pasar tiempo.

Si estoy comiendo con una persona que no deja de mirar sus redes sociales o revisar sus notificaciones mientras comemos, en general no vuelvo a quedar con ella. Su comportamiento me da a entender que mirar el teléfono es más importante que nuestra conversación y que tiene mejores cosas que hacer que charlar conmigo.

Los fundadores de una empresa tecnológica me invitaron a disfrutar de una comida con ellos, porque querían utilizar mis contenidos en su plataforma de educación por internet y que yo representara a su empresa como embajador de su marca. Durante toda la comida revisaron sus dispositivos, atendieron llamadas y vieron vídeos cortos.

Su comportamiento no solo fue maleducado, sino que me demostró que eran adictos, incapaces de liberarse de sus pantallas ni siquiera una hora para interactuar con la persona con la que esperaban colaborar.

La tecnología, utilizada con inteligencia, es asombrosa. Si la aprovechas de forma adecuada, permite que sucedan grandes cosas y puede enriquecer tus relaciones. Si la manejas mal, puede alejar a las personas que te rodean y arruinar tu reputación.

Así que no seas siervo del teléfono. Conviértete en un maestro en estar presente.

134

Haz que los demás se sientan especiales

Mi vida cambió el día que estuve en la celda de Nelson Mandela, en la isla Robben. Caminar por la cantera de piedra caliza donde lo obligaron a realizar trabajos agotadores durante trece años, ver la oficina de propaganda donde los censores ocultaban o alteraban las cartas de su familia como una forma de tortura psicológica, y, por último, entrar en su diminuta celda (ni siquiera había una cama) me enseñó lo que significa convertir el dolor en fuerza y los problemas en triunfo.

Una cosa de la que me enteré en esa visita es que Mandela invitó a un vigilante que lo había tratado con cortesía y respeto a su toma de posesión como presidente de Sudáfrica, aunque podría haber estado enfadado y destrozado después de veintisiete años de encarcelamiento. Más tarde dijo: «Mientras cruzaba la puerta que me conduciría a la libertad, sabía que si no dejaba atrás la amargura, seguiría en la cárcel».

Te lo cuento para recordarte que tu trabajo como ser humano es hacer que las personas se vuelvan más grandes en tu presencia. Las personas pequeñas intentan presumir, robar el protagonismo y actuar como el gigante de la sala, en general, para compensar su sensación de inseguridad. Las almas grandes hacen que los demás se sientan grandes.

Haz que todas las personas con las que te encuentres se sientan especiales. Elógialas con sinceridad y reconoce sus dones en lugar de condenar sus defectos. Vive así y no solo tendrás más amigos de los que jamás hayas podido imaginar, sino que también experimentarás una forma de riqueza que va mucho más allá de lo que el dinero puede comprar.

Hemos llegado al final de la sexta forma de riqueza: tener una comunidad fuerte y magnífica de personas espléndidas a tu alrededor. Lo estás haciendo muy bien (debo decírtelo). Y estoy agradecido de ser tu mentor a distancia. ¿Qué te parece que pasemos a la siguiente forma de riqueza? Lo que aprenderás mientras me acompañas por los tesoros ocultos de una vida llena de aventuras te resultará muy valioso.

LA SÉPTIMA FORMA DE RIQUEZA

Aventura

*El hábito de que la alegría procede
de explorar, no de poseer*

Lo importante no es la cantidad de años en tu vida,
sino la cantidad de vida en tus años.

Edward Stieglitz, artista

La séptima forma de riqueza

Aventura / Breve resumen

Demasiadas buenas personas viven el mismo año ochenta veces y lo llaman vida. Se levantan por la mañana de la misma manera, piensan lo mismo, les consumen las mismas preocupaciones, caminan por los mismos lugares, comen la misma comida y ven las mismas caras. No estamos hechos para vivir así, sino para la aventura, como nuestros antepasados. La aventura es una de tus mayores oportunidades para llevar una vida más rica.

Añadir sorpresas a tus días, ya sea viajando a lugares que no conoces o simplemente leyendo un libro que te transporte a otros territorios, haciendo una ruta diferente para ir al trabajo o adoptando una nueva rutina, es un valor de gran belleza. Incorporar asombro, sorpresa y emoción a tus momentos es una decisión sabia que los convertirá en recuerdos que atesorarás para siempre. Los buenos recuerdos son más valiosos que el dinero, ¿sabes?

Sí, compañero que no dejas de crecer en este viaje hacia el verdadero éxito y la auténtica prosperidad, llevar una vida llena de búsquedas apasionadas y exploraciones entusiastas es en gran medida una forma de riqueza. Estamos más despiertos cuando exploramos y avanzamos, viajamos y somos osados. Estamos más cerca de lo mejor de nosotros mismos cuando vivimos con audacia en lugar de con cautela. «No es la muerte lo que debemos temer, sino no haber vivido nunca de verdad», dijo Marco Aurelio, el ilustre emperador romano.

Nuestra sociedad da más valor a poseer cosas que a acumular experiencias, pero ¿de qué sirve tener un montón de posesiones, armarios llenos de objetos y una casa enorme si hipotecas tu felicidad en la búsqueda equivocada de cosas materiales? Te digo con humildad que no estabas destinado a vivir de forma complaciente. Como seres humanos, estamos hechos para ser nómadas y pioneros. Procedes de un largo linaje de personas que ascendieron elevadas montañas, descubrieron vastos océanos y cambiaron la comodidad de la seguridad por la incertidumbre que a veces es necesaria para poder disfrutar de una vida extremadamente viva. Poner tus pasiones personales por delante de tus posesiones físicas te garantizará que no acabes siendo rico en el mundo, pero pobre a nivel espiritual.

Esta forma de riqueza por la que estoy a punto de guiarte tiene mucho que ver con devolver la curiosidad, la fascinación y el sentido de la magia a tus horas, e inundar tus días con experiencias más enriquecedoras y ocasiones extraordinarias para que no llegues al final de tu existencia y te des cuenta de que no has vivido en profundidad.

Bueno. Cada vez me queda menos tiempo de tutoría contigo. Te echaré de menos cuando termine. En cualquier caso, no perdamos ni un segundo más y vayamos directos a la séptima forma de riqueza: la aventura.

135

Encuentra tu Panamá invisible

Puede que esta instrucción, que te escribo desde la energía de una gran ciudad, te parezca genial. O puede que no (y me parece perfecto).

Esta mañana, después de haber hecho ejercicio temprano (y haber sudado mucho mientras escuchaba el audiolibro *The Wizard and the Prophet*), me he dirigido a pie a una cafetería de gran prestigio para tomarme un café. He atravesado las calles empapadas de lluvia y he pasado por delante de un rascacielos que alberga las oficinas y los estudios de una empresa de radiodifusión.

Todavía estaba oscuro y no se veía un alma. ¡Tenía la mañana para mí solo! De repente he oído música rock. A todo volumen. He pensado que era una especie de altavoz exterior que habían colgado para entretener a los transeúntes. La canción era «Panama» de Van Halen. He levantado el puño, como se debe hacer en un concierto en presencia de la realeza del rock, pensando que nadie me vería.

Al avanzar unos pasos me he dado cuenta de que el sonido procedía de un pequeño monovolumen, un Dodge Caravan, para ser exactos. Y el hombre que estaba dentro había subido el volumen de la canción para disfrutarla él mismo y hacer temblar el suelo bajo su vehículo.

Me ha sonreído cuando nuestras miradas se han encontrado. Había visto mi entusiasta gesto de levantar el puño. Y parecía divertido por lo que había hecho.

La experiencia me ha dejado pensativo. No estoy seguro, pero tengo la sensación de que el hombre ha puesto la canción como si fuera un elixir, para levantarle el ánimo y crear unos momentos de alegría antes de meterse entre los bloques de hormigón de un edificio descorazonador para empezar a trabajar.

Y eso me ha hecho pensar en todas las buenas personas del mundo que traicionan sus verdaderas pasiones para realizar trabajos nada creativos que las hacen desgraciadas y que a veces las ponen enfermas.

Podrías decir: «Pero no tengo otra opción. Tengo que pagar las facturas».

Lo siento. Tienes opciones. Tienes poder. Podrías emprender una aventura paralela, como crear un canal de vídeos para compartir tu sabiduría y educar a los espectadores, o escribir la novela que siempre has deseado escribir y después autopublicarla en internet. O abrir una tienda temporal para vender productos fantásticos que enciendan tu pasión. O inventar algo que resuelva un gran problema con el que tú mismo has estado luchando. Y si no sabes cómo hacerlo, aprende. Seguro que puedes.

Otro consejo amable y bien intencionado que me gustaría reforzar: cuando haces lo que te ilumina, contribuyes a iluminar el mundo para todos. Y cuando lanzas tu magia al universo, modelas posibilidades para todos.

Tu vida puede ser arte, tu trabajo puede ser un regalo, y hacer lo que te dicta el corazón es la música que hace realidad los milagros.

Te dejo con unas palabras que me encantan del aclamado escritor Herman Melville: «Pues del mismo modo que este espantoso océano rodea la verde tierra, también en el alma del hombre yace una insular Tahití, llena de paz y gozo, pero rodeada de todos los horrores de una vida conocida a medias».

136

Ve muchos documentales

Me encanta ver documentales sobre vidas magníficamente vividas. ¿Por qué? Es como obtener conocimiento íntimo de lo
que hizo un gran ser humano leyendo una autobiografía, pero
en menos de una hora, ya me entiendes.

De *Jiro Dreams of Sushi* extraje profundos conocimientos
sobre la maestría; con *Salinger* descubrí la historia, los hábitos
y las dificultades de un escritor legendario. Gracias a *Amy* me
di cuenta de lo peligroso que puede ser estar rodeado de gente
peligrosa, y *Good Fortune* me recordó que pasar la vida sin mejorar otras vidas es desaprovecharla.

Un buen documental te permite adentrarte en la existencia
de otra persona. Puedes aprender por qué soñaron lo que soñaron, cómo hicieron realidad sus sueños, las trampas de la
fortuna y las alegrías heroicas de superar la derrota. Con los
documentales puedes viajar a lugares que no conoces y mejorar tu inspiración.

Cuantos más veas, más ideas tendrás sobre la forma más
elevada de vivir. Después, lleno de estos conocimientos, podrás utilizar cada día como plataforma para aplicarlos. No
siempre será fácil, pero puedo prometerte que siempre valdrá
la pena.

137

Tómate un día sabático digital

¿Puedo sugerirte que, para mejorar tu estilo de vida y sentirte más vivo, prescindas de la tecnología al menos un día por semana?

Esto implica nada de teléfono, redes sociales, chats ni compras por internet durante veinticuatro horas. Cada siete días. Para vivir. Para sencillamente disfrutar de los placeres básicos, y a menudo sensacionales, de tu vida. Para estar presente (en lugar de disperso) y centrado (en lugar de estresado). Para perderte en un barrio desconocido o encontrar una nueva librería. Para probar una nueva comida o caminar descalzo por un parque secreto. Para aumentar tu amor por las personas que te rodean y que tanto significan para ti, y quizá para aprender a no hacer nada.

Hazte el propósito de que al menos una vez por semana, desde el momento en que te levantes hasta el instante en que te vayas a dormir, tus dispositivos estarán apagados y metidos en un cajón para que no los tengas a la vista, y te mantengas atento a lo maravilloso, a la belleza, a la naturaleza y al presente.

Ah, quiero compartir contigo otro método muy útil para reducir las distracciones digitales que agotan tu sentido de la aventura. Lo llamo «la técnica de los dos teléfonos».

Ten un teléfono principal, totalmente cargado, con tus redes sociales, noticias, el tiempo y otras aplicaciones. Después invierte en un segundo teléfono más sencillo que lleves cuando estés creando o haciendo cualquier cosa que te exija concentración. De este modo evitarás estar atado al teléfono principal y que te interrumpa cuando estés haciendo algo valioso y esencial.

En el pasado, las personas se tomaban un día libre a la semana (el *sabbat*). Un día sin trabajo, sin preocupaciones y sin hacer nada. Se trataba de ser. Esta práctica les renovaba la positividad y les devolvía la vitalidad. Espero de verdad que hagas lo mismo, que vuelvas a conectar con las abundantes maravillas de nuestro inestable pero espléndido mundo, reavives la chispa de tu infancia y rellenes tu pozo vacío.

138

Deshazte de los vampiros de energía

Lo hemos comentado antes, pero quiero que volvamos a hablar de ello porque es muy importante para que disfrutes del viaje de este regalo que es la vida. Y porque una buena tutoría exige retomar los temas con frecuencia.

Puedes ser feliz o puedes estar con personas tóxicas, pero jamás ambas cosas. Lo único que digo es que si quieres una estrategia para transformar tu vida casi al instante, despídete de todas las personas que te hacen sentir mal.

Si se trata de un familiar, ve a verlo menos a menudo. Si es un amigo de hace muchos años, pero que ya no avanza ni vibra contigo porque es negativo, prepotente o no deja de quejarse, sigue queriéndolo, pero a distancia.

Sí, deshazte de los vampiros de energía y desintoxícate de los buitres de los sueños. Libérate de los ladrones de felicidad. La vida es demasiado corta para estropear tus días permitiendo que entren en ellos personas pesimistas.

139

Monta un jardín

Una vez tuve una casa en la que mi familia y yo vivimos durante muchos años. Me encantaba ese lugar. El amanecer brillaba entre los árboles y en invierno podíamos encender la chimenea cada tarde y ver la puesta de sol a través del bosque.

Me gustaba la luz de las habitaciones, el hecho de que estuviera en una zona tranquila y poder andar en bicicleta de montaña por el bosque cercano casi cada tarde, después de haber terminado mi trabajo. Pero una de las mejores cosas de la casa era el jardín. Me encantan las flores. Me llenan de satisfacción y me inundan de serenidad. Encontré a un experto que me ayudó a montar el jardín, lo cuidé durante toda la primavera y lo regué durante todo el verano.

«El primer año duerme, el segundo se arrastra y el tercero salta», me dijo el experto. Y, en efecto, al tercer año la lavanda era exuberante, las equináceas luminosas y los tulipanes casi tan grandes como cocos.

Mis padres vinieron un día a vernos solo para sentarse en el patio trasero y contemplar ese milagro natural. «¿Quién necesita ir a un retiro?», dijo mi maravillosa madre (sí, la que se enfrentó a una banda de motoristas y ganó).

Monta un jardín. Añadir aventuras a tus días no significa que tengas que viajar a países extranjeros. A veces lo único que debes hacer es empezar en tu casa.

140

Conviértete en poeta

Para infundir a tu universo personal menos ajetreo, complejidad y negatividad, te pido que te conviertas en poeta. Es una manera maravillosa de desafiar a tu mente creando una hazaña en papel, y yendo después más allá.

Te explicaré lo que quiero decir, pero antes te ofreceré un poema que he escrito para ti en mi diario a las cinco de la mañana. Sé que no soy muy buen poeta, pero lo he hecho lo mejor que he podido:

La promesa silenciosa

Desde el nacimiento hasta el fin, hay una promesa.
De hacerte amigo de tus talentos ocultos.
De deleitarte en tus visiones más elevadas.
De reírte de tus tropiezos humanos.
De conocer las instrucciones de tu alma.

De niño a viejo.
No cumples la promesa.
En un torbellino de prisas diarias y ajetreo sin fin.
Haces lo que nos enseñan a hacer a los adultos.
Cumples tus responsabilidades y encajas en la sociedad
*   educada.*
Prosperas materialmente para mostrar a tu vecino lo rico
*   que eres.*

Entonces la promesa se siente desoída.
Al final la pasas por alto.
La humanidad se degrada.
Manchas tus posibilidades innatas.
Encadenas tu destino.
Caminas por la vida sonámbulo.
Mueres de forma invisible.
Y en silencio.

Para recuperar el deslumbramiento que conociste de niño, te animo sinceramente a que te conviertas en poeta. Seguro que se te da genial, aunque puede que ni siquiera lo sepas. No serás tan malo como yo.

Y no estoy diciendo que te sientes a escribir versos en un gran escritorio de madera en una casita encalada junto al mar con contraventanas de color azul claro. (Aunque si eso te parece inspirador, hazlo).

Me refiero a que vuelvas a vivir. Que pienses a menudo en lo que quieres llegar a ser y des pequeños pasos diarios para hacerlo realidad, de modo que cuando hayas terminado, el viaje haya sido divertido. Y emocionante. Y gratificante. Y que haya valido la pena.

Recuerda que la mayoría de los miedos que limitan nuestra gloria son dragones de pega y sueños falsos. Creamos las rejas de nuestra prisión con pensamientos erróneos y pasamos nuestros mejores años encerrados en cárceles que nosotros mismos hemos levantado. No puede haber avance sin problemas ni felicidad sin peleas, créeme.

Olvídate de la necesidad de complacer a todo el mundo. Cuida ante todo la llamada de tu alma, porque no puedes dar a los demás lo que no tienes. Y materializar tu talento da luz verde a quienes te rodean para que hagan lo mismo.

De modo que sí, sé poeta. Expresa tu arte. Acepta el riesgo. Vive más peligrosamente. Busca más belleza. Contempla más amaneceres, coge más flores, come más pizza, abraza a más personas, sé más osado y cuenta las estrellas que salpican el cielo oscuro. Si aparecieran solo una vez cada muchos años, las contemplarías, pero, como siempre están ahí, es posible que ni siquiera las valores.

Sí. Sé un poeta, digan lo que digan los demás. No solo en papel, sino dentro de tu vida más rica.

141

Reduce el ritmo

Únete al movimiento Slow. A muchas personas les gusta cocinar, comer y trabajar despacio (ser mucho más pacientes, reflexivas y cuidadosas en el desempeño de su oficio).

Te recomiendo que practiques la vida lenta. Acepta menos ofertas para hacer cosas que en realidad no quieres hacer, compra menos, disfruta de tus días con menos tareas pendientes, dedica más tiempo a conversaciones interesantes y haz una pausa para saborear los regalos de la vida que casi todo el mundo se pierde por estar muy ocupado estando ocupado. Estar más ocupado nunca es mejor.

Respira más despacio. Mastica más despacio. Camina más despacio. Habla más despacio. Piensa más despacio y siente más profundamente.

Reducir el ritmo de todo, en lugar de acelerarlo y vivir como si tus pantalones estuvieran en llamas, no significa que seas un vago. Solo significa que eres sabio.

142

Desaparece durante un año

Te propongo ahora una idea extraña, pero quizá fascinante y te prometo que poderosa: mantente en la oscuridad durante todo un año. Que no sea fácil localizarte. Desaparece. Totalmente. Sí, durante doce meses que te cambiarán la vida di no a la mayoría de las invitaciones sociales, rechaza solicitudes de amistad, deja de comprar en tiendas, evita ir a restaurantes y aléjate del mundo.

En su lugar, entra en la naturaleza (de alguna manera) y conviértete en minimalista. Céntrate y asiéntate hasta la obsesión en lo que en mi metodología llamo «los mínimos vitales».

Dedícate a tu crecimiento personal y a sanarte durante todo un año, y entiende que el universo exterior refleja el universo interior. Aprende a meditar, visualizar, orar, escribir un diario y liberar las limitaciones que te impiden vivir tu promesa y hacer realidad tu potencial.

Consigue la mejor forma física que hayas tenido jamás. Corre o haz flexiones, descubre el yoga o empieza a hacer surf, respira más aire puro y duerme más.

Lee todos los libros disponibles en tu campo de especialización y practica cada día durante horas lo que has aprendido para que adquieras tanto conocimiento, valor y excelencia que ningún compañero pueda igualarte. Y ningún problema te detenga.

Restringe tus gastos, reduce tus necesidades y aumenta tus ahorros para protegerte ante cualquier emergencia repentina o una catástrofe económica mundial (y aumentar la tranquilidad que conlleva no tener deudas).

Simplifica tu vida y agiliza tus días despojándote de todo aquello que te roba la alegría y confunde tus prioridades.

Disfruta de los clásicos, estudia a tus héroes, escucha música maravillosa, come alimentos naturales, consume agua limpia, abandona toda adicción (internet, trabajar demasiado, quejarse y beber pueden ser buenos principios) y da largos paseos por el bosque lo más a menudo que puedas.

Perdona a los que tienes que perdonar, ama a los que merecen ser amados y básicamente conviértete en la persona que debes ser para tener la fortuna que ahora mismo más deseas.

Sí, lo que te pido e incluso te desafío a que hagas es que desaparezcas durante doce meses. En algún lugar del mundo al que siempre has querido ir. O quizá quedándote en casa. Haz que convertirte en tu mejor versión sea tu proyecto más importante durante doce meses.

Y hecho esto, vuelve al mundo. Transformado. Renacido. Profundamente mejorado. Listo para elevarnos a todos.

143

Busca lo misterioso en tu trabajo

Una muy buena manera de elevar el asombro y la calidad de las posibilidades en tu vida es ver el trabajo que haces como una puerta a nuevos cielos que explorar. Y a órbitas más altas de emoción.

Volver a mirar tu trabajo con los ojos de un artista y dedicarte a superar límites, abrir nuevos caminos e invertir en cosas novedosas no solo aumentará tu inspiración, tu energía y tu valentía, sino que cambiará tu vida de lo prosaico a lo milagroso.

Una de las trampas en las que caemos es repetir la forma en que siempre hemos trabajado. Lo hacemos para proteger el éxito que hemos tenido y porque tememos que innovar nos lleve al fracaso, pero actuar así es garantía de aburrimiento, de estancamiento y de escepticismo.

Busca lo inesperado. Prueba un nuevo estilo de productividad aunque te parezca extraño o una forma poco habitual de hacer lo que haces. Algunos pensarán que estás chiflado, pero los inadaptados y los excéntricos son los que avanzan (y hacen avanzar el mundo).

El famoso artista Georg Baselitz cambió radicalmente el estilo que había empleado durante años cuando, en 1969, empezó a pintar y a exponer sus obras al revés. ¿Te lo imaginas? ¡Al revés!

Hizo este cambio a la «pintura invertida» porque quería trabajar sin la presión de tener que hacer lo que esperaba el mundo del arte.

Tú también puedes ser tan libre como él. Tu trabajo puede ser una santa cruzada, una odisea fascinante no solo hacia tu mejor creatividad, sino también hacia tu mejor yo, porque los proyectos que te asustan te hacen más fuerte. Y solo las personas que traspasan sus límites llegan a saber lo ilimitadas que son en realidad.

144

Gana la lotería de los recuerdos

—Robin, he llegado a la conclusión de que tener demasiado dinero es muy malo —me dijo una de las personas más ricas del mundo mientras paseábamos junto a un río cerca de un bosque lleno de flores silvestres, ciervos y árboles imponentes que debían de tener cientos o incluso miles de años.

—¿Por qué? —le pregunté.

—Bueno, tener demasiado dinero es como una droga para las personas ambiciosas, motivadas y perfeccionistas como yo. Seguimos persiguiéndolo para sentir que estamos ganando, pero no es así.

—¿Y qué es ganar para ti? —le pregunté mientras pasaba saltando un cervatillo.

—Crear más recuerdos, no más dinero. Cuando envejezca, quiero disfrutar pensando en los momentos especiales que he vivido con mi familia. En mi lecho de muerte no podré llevarme todo el dinero que he ganado. Nunca he visto un camión blindado al final de un cortejo fúnebre camino a un cementerio —me dijo con voz queda el multimillonario.

Crear más recuerdos en lugar de perseguir demasiado dinero. Qué sabio objetivo en este momento de nuestra cultura, cuando demasiadas personas olvidan que la libertad significa mucho más que largas cifras en una declaración de patrimonio neto.

145

Haz algo que te asuste cada tres meses

Un capítulo rápido. Una vez tuve un monitor de vela que era uno de los seres humanos más vitales, divertidos e interesantes que he conocido. Se llamaba Bob. Un hombre especial. Un tipo genial.

Un día de verano, durante una larga navegación, Bob me contó una estrategia que lo mantenía joven y lleno de energía, y le aseguraba no perder el brillo de los ojos (nunca pierdas el brillo de los ojos). Cada trimestre hacía algo que lo asustaba y cada dos años se comprometía a aprender una nueva habilidad que le permitiera reinventarse.

Si tú y yo estuviéramos juntos en un velero, te preguntaría por las cosas que no haces porque te dan miedo. Después te pediría que te comprometieras a hacer una cada tres meses para recuperar el poder que le has dado a cada una de esas cosas que te asustan.

Y después te pediría que enumeraras las principales habilidades que siempre has soñado aprender. Y te instaría, en tono amable pero firme, a que me prometieras que trabajarás para dominarlas. Que trabajarás en ellas una a una, cada dos años.

También te haría una hermosa pregunta que las personas felices y sensacionales suelen hacerse: «¿Cuándo fue la última vez que hiciste algo por primera vez?».

Por último te pediría que me ayudaras a desplegar las velas para no perdernos en el mar.

146

Imagínate que eres un pirata

Hablando del mar, me gustaría que imaginaras que eres un pirata. No un pirata malo, sino bueno (con dientes bonitos, modales educados y hábitos excelentes).

Sí, en serio, para ayudarte a llenar tus momentos de las experiencias increíbles que crean recuerdos inolvidables, sé un
poco más peligroso.

«Robin, ¿de qué demonios estás hablando? —te preguntas—. ¿Por qué me animas a volverme peligroso?».

Permíteme darte algunos ejemplos de cómo ser un poco
más bandido de lo que eres ahora (a menos que ya seas un bandido importante, en cuyo caso te recomiendo que te saltes este
capítulo y pases al siguiente).

Pídele a tu pareja que te dé exactamente lo que quieres y a
tus amigos lo que necesitas.

Pide la mejor mesa en tu restaurante favorito si ves que está
disponible, pero el personal te lleva a otra.

Pide el postre que tenga mejor aspecto en el escaparate de
la panadería en lugar del que el panadero está a punto de ser-
virte. Arriésgate aún más (¡oh, cuánta vida desperdiciamos por
miedo a que nos rechacen!) y pide un chorrito de chocolate
por encima. Te desafío.

Pregunta una dirección a un desconocido que parezca de
mal humor, en lugar de a uno que parezca alegre (y amable).

Pídele al taxista que apague la radio porque no te gusta
la música disco o que no charle por teléfono con su terapeuta

sobre sus dramas, porque le estás pagando para que trabaje, no para que se cure.

Pide una habitación mejor en un hotel («¿Sería posible en el ático, por favor?», diría un auténtico pirata), un favor enorme a un familiar y una bola extra de helado en la heladería («con más virutas de caramelo de las que hayas puesto jamás, si no te importa»).

«Si no pides, no recibes» es un mantra espléndido, y «El único fracaso es no intentarlo» es una magnífica sugerencia que hacerte a ti mismo. El éxito es en gran medida un juego de números, y no pasa gran cosa si siempre te quedas callado.

Ser asertivo no tiene por qué ser agresivo. Los buenos modales hipnotizan, y lo único que quiero es que seas aún más valiente y no te quedes en silencio.

Los piratas consiguen más recompensas, viven con mucho más color y, hasta donde sé, se divierten mucho más.

147

Persigue tus pasiones

¿No es curioso que a medida que nos convertimos en adultos dejemos de disfrutar de las actividades que nos hacían felices cuando éramos niños? Si estuviéramos cenando juntos en mi biblioteca llena de libros, te haría otra pregunta importante: «¿Qué pensaría el niño que fuiste del adulto en el que te has convertido?».

El otro día un cliente, un titán de la tecnología, me dijo que era más feliz cuando daba larguísimos paseos en bicicleta al menos un par de veces por semana. Le pregunté por qué ya no los da. Invirtió en trabajar conmigo porque no es muy feliz, y reconoció que las carreras de resistencia lo hacían muy feliz.

«No lo sé», me contestó.

El gran empresario había permitido que sus pesadas responsabilidades y su búsqueda de logros de élite lo alejaran de uno de los tesoros más valiosos de una existencia feliz: divertirse muchísimo. También había olvidado que la recreación nos recrea. Perseguir las pasiones que alimentan nuestro entusiasmo y activan nuestra alegría nos hace mucho más felices, creativos, productivos y tranquilos.

No tiene sentido posponer tus pasiones hasta que seas demasiado mayor para disfrutarlas. Lamentablemente, la mayoría de las personas lo hacen. Corren de un lado a otro para cumplir con sus obligaciones profesionales, compromisos sociales y enormes listas de tareas pendientes y pasan por alto las necesidades de su espíritu.

Las semanas se convertirán en meses, los meses en años y los años en décadas. Antes de que se den cuenta, será demasiado tarde para hacer algo con las cosas fascinantes que posponen. No dejes que esto te suceda, mi querido amigo.

148

Menos maestría y más misterio

Acabo de ver un vídeo breve de una entrevista a un hombre al que llamaban «el rey de la optimización». Lo llamaban así porque durante años se esforzó física y productivamente para alcanzar los límites absolutos de lo posible.

Lo que me ha resultado curioso es que señalaba que ahora hace las cosas de otra manera. Se trata menos de «trucos de vida» para hacer más cosas y más de reducir la velocidad de la vida y tener más aventuras. Menos de organizar sus días a nivel militar y más de ser libre para vagar (cuando quiere) y descansar (cuando lo necesita).

Me he alegrado de verlo. Nuestra civilización está atravesando una época de cambios profundos. Muchos de nosotros nos hacemos preguntas importantes: ¿Quién soy? ¿Cuál es mi objetivo? ¿En qué consiste el verdadero éxito? ¿Cómo quiero que me recuerden?

La maestría es importante. La mayoría queremos poner en práctica nuestros dones y talentos. Y utilizar nuestros días de forma productiva (ejercitar nuestra creatividad y producir resultados relevantes es una fuente suprema de felicidad) mientras pulimos habilidades personales que fortalezcan nuestra confianza, aumenten nuestra resiliencia y nos conviertan en las mejores versiones de nosotros mismos. Sin embargo, como tu mentor a distancia, que se preocupa mucho por ti, quiero susurrarte esto al oído: No olvides la magia.

No estés tan ocupado siendo productivo que traiciones los

anhelos de tu alma y te vuelvas aburrido, poco interesante y sin vida. No seas tan serio que dejes de reírte de tonterías. No estés tan motivado que olvides cómo ser humano.

Entra en el misterio más a menudo. Quizá sencillamente pasando de vez en cuando días enteros deambulando, perdiendo el tiempo y observando cosas. O quizá conduzcas hasta una ciudad extranjera que no has tenido tiempo de visitar en todos estos años que has estado tan ocupado y te permitas perderte en ella. O converses con el dueño de una tienda sobre por qué se ha pasado toda la vida restaurando muebles antiguos. O disfrutes de una conversación con una *nonna* que lleva sesenta y cinco años haciendo una pasta extraordinaria (¿puedo ir?). O con un agricultor al que le brillan los ojos cuando habla de tener la tierra en sus manos y sus verduras en la mesa de otro ser humano.

Quizá estas sugerencias de cosas asombrosas y maravillosas no te llamen la atención. No pasa nada. Haz las que te parezcan mejor.

Somos demasiados los que perseguimos una definición del éxito que nos vendieron nuestros padres, nuestros profesores y la sociedad. Hemos seguido sus órdenes. Hemos atendido sus instrucciones. ¿Y adónde nos ha llevado? Demasiado a menudo a la infelicidad, al estrés y en algunos casos a enfermedades (mentales, emocionales, físicas o espirituales).

¡No vivas la vida de tus padres! Ni el modo de actuar de tu vecino, ni los métodos que los *influencers* te dicen que debes seguir para caer bien, que te acepten y ser popular. Vive tu vida. Es lo único que tienes y no van a darte una segunda oportunidad.

Lo único que digo, mientras en mi casa de campo suena música country a un volumen un poco alto, y a lo lejos los agricultores cosechan sus aceitunas con herramientas tradicionales de una época pasada, es esto: una vida rica de verdad no siempre consiste en buscar la maestría. La maestría debe equilibrarse con experimentar los milagros del viaje, más tiempo de juego, disfrutar de más magia y acercarse al misterio.

149

Deja de echar sal en la comida antes de haberla probado

Estaba en un restaurante con un amigo cuando sucedió algo especial. Me gustaría contártelo porque creo que la lección que aprendí te será de gran utilidad.

Habíamos pedido la comida y estábamos hablando. El local estaba lleno de gente y la energía era increíble. Cuando llegaron nuestros platos, cogí el pimentero y empecé a agitarlo por encima de la comida. Siempre lo hago. (Me gusta la pimienta, lo siento).

Mi amigo se rio de mi excéntrico hábito de echar pimienta y me dijo:

—Henry Ford nunca te contrataría.

—¿Qué quieres decir? —le pregunté mientras masticaba mi comida cubierta de pimienta.

Me explicó que cuenta la leyenda que el emblemático magnate invitaba a comer a los posibles empleados para observarlos. No solo prestaba atención a cómo trataban a los camareros (porque eso dice mucho del carácter de una persona), sino que observaba si echaban sal y pimienta a la comida antes de haberla probado.

La mitología dice que echar sal y pimienta a la comida antes de haberla probado indica tres cosas que revelan que esa persona sería un futuro mal empleado:

Evidencia 1: El comportamiento no respeta la supuesta habilidad del chef y la hospitalidad del anfitrión.

Evidencia 2: La persona que lo hace toma decisiones que no se basan en ningún análisis. Mmm. Interesante. Evidencia 3: El culpable no tiene una mente abierta (y se aferra a sus costumbres).

Sonreí. Y desde entonces me echo menos pimienta, porque me di cuenta de que era prácticamente imposible que me contrataran.

Pero esta anécdota encierra una sabia verdad de vida respecto de la séptima forma de riqueza en la que quiero que trabajes: no te aferres a tus costumbres si quieres llevar una vida inspirada y profundamente vital. Mantén la mente abierta (ya que nunca está de más poner en cuestión las creencias que siempre has estado seguro de que son ciertas), desafía tus suposiciones sobre lo que puedes experimentar y lucha contra toda limitación que impida que tu grandeza crezca.

150

La felicidad es un trabajo interior

Muchas almas buenas están atrapadas en la rutina de decirse a sí mismas que serán felices y disfrutarán el viaje de la vida «cuando...».

Seré feliz cuando encuentre la pareja ideal.

Seré feliz cuando tenga una salud radiante, unos abdominales esculpidos y una sonrisa blanca como la nieve.

Seré feliz cuando tenga el coche adecuado o un buen trabajo.

Seré feliz cuando tenga mucho dinero y libertad económica.

Seré feliz cuando se reduzca el ritmo de los cambios, la situación política, social y climática se estabilice y los problemas de nuestro planeta disminuyan.

Lo siento, pero ninguna de estas cosas te hará ni te mantendrá feliz. No es más que una ilusión que nos vende una sociedad que en muchos sentidos ha perdido el rumbo. Pueden proporcionarte algún placer a corto plazo, pero la felicidad no es eso.

Solo algo dentro de ti puede hacerte feliz. La alegría es un estado interior que creas y una elección que haces (mediante tus pensamientos, hábitos, comportamientos, logros y aventuras diarios), no algo que se produce de forma mística una mañana soleada en que encuentras la pareja, la casa, el trabajo o el reloj adecuados.

151

Haz una purga de posesiones

El desorden crea estrés. Y tener demasiadas cosas a nuestro alrededor nos quita energía, nos distrae de disfrutar el momento presente y nos hace malgastar el dinero en cosas que no necesitamos.

Así que haz una purga. ¡Una purga gigantesca!

Regala ropa que llevas años sin ponerte, zapatos que no has utilizado en meses y baratijas que en su momento te pareció buena idea comprar, pero que ahora parecen tan valiosas como una galleta de la fortuna para un vidente.

Cuanto más limpies, más desorden sentirás a tu alrededor. Sigue regalando cosas. Deshazte de todo el desorden. Límpialo todo. ¡Simplifica!

Sigue mi sugerencia y ¿sabes qué encontrarás? Harás espacio para nuevos niveles de creatividad. Tu energía se acelerará y tus valiosos sentimientos de libertad personal alzarán el vuelo.

«La mayor riqueza es vivir contento con poco», enseñaba Platón. Ojalá seamos capaces de apreciar su sabiduría. Siempre.

152

Mis diez mejores libros sobre cómo llevar una vida asombrosa

Aquí tienes diez libros que me han ayudado a vivir una vida mucho menos aburrida, con más emoción y muchas más maravillas. Espero que los leas todos y después actúes en función de las ideas que aprendas (porque la información que no se aplica no tiene valor).

Hacia rutas salvajes de Jon Krakauer
Small Graces de Kent Nerburn
El principito de Antoine de Saint-Exupéry
Esperanza para las flores de Trina Paulus
Outsider de Brett Popplewell
El árbol generoso de Shel Silverstein
Endurance. La prisión blanca de Alfred Lansing
The Water in Between de Kevin Patterson
Confesiones de un chef de Anthony Bourdain
My Last Supper de Melanie Dunea

Recuerda la importancia de navegar menos por internet y leer más para tener una vida hermosa (y verdaderamente rica). Y que la mayoría de los miedos que nos impiden vivir con plenitud no son más que mentiras que nos han enseñado personas asustadas.

153

Crea un escenario antihéroe

A veces es necesario sorprenderse un poco para asegurarse de no caer en la rutina. Para hacerlo, me gustaría que te asustaras un poco empleando una estrategia de mi metodología llamada «el escenario antihéroe». Es sencilla y funciona muy bien. Escribe una página no sobre las extraordinarias recompensas que recibirás si haces todo lo que te he enseñado hasta ahora, sino sobre los disgustos, las frustraciones y los peligros que ahogarán tu vida si no haces lo que te he propuesto tras haberlo trabajado con tanto cuidado y tanta devoción.

Documenta todos los sueños que morirán, las fortunas que pasarás por alto y los momentos que perderás si traicionas tu potencial y te quedas atrapado en tu zona de confort.

Anota la tendencia descendente que seguirán tus relaciones si no cumples tus promesas, abres tu corazón y muestras tu verdadero yo a los demás.

Registra la toxicidad que infectará tu mente, el dolor que invadirá tu corazón, la enfermedad que degradará tu salud y el sufrimiento que manchará tu alma si no haces lo que debes hacer para que tu vida sea como tú y yo sabemos que merece ser.

Sí. Sé muy claro y ten un poco de miedo de lo que sucederá si te conviertes no en el héroe victorioso, sino en el villano cruel de tu vida. Asústate (un poco) para hacer los microcambios, conseguir los pequeños triunfos y dar los sencillos saltos diarios que, con constancia y el paso del tiempo, te convertirán en el ser humano que siempre has deseado ser.

154

Evita el defecto de las personas mayores

Respeto mucho a las personas mayores. De verdad.

Han vivido tanto que a menudo son las más amables, divertidas y reflexivas.

Pero también debo decirte que muchas de ellas tienen un defecto: pasan horas viviendo en el pasado en sus conversaciones.

Hablando de hazañas que consiguieron y aventuras que corrieron en su juventud.

Contando anécdotas, relatos de triunfos y exploraciones de hace muchos años.

Haciendo largos monólogos sobre los dragones que mataron, las montañas que ascendieron y las hazañas que realizaron.

No estoy quejándome. Solo te informo. En ningún caso juzgo. Es mi opinión. Acaba siendo aburrido.

Y cuando veo cómo se desarrolla este fenómeno, me doy cuenta de que esas almas buenas se han quedado estancadas.

Han caído en la trampa de creer que sus mejores días han quedado atrás. Han perdido muchas de sus esperanzas. No ven tiempos mejores en un futuro más brillante, porque la cantidad de días que les quedan por delante es mucho menor que la de los días pasados.

Y así, se aferran a sus historias. Recuerdan los momentos especiales una y otra vez.

Ten cuidado, evita caer en este error, y a medida que te hagas mayor, haz que lo que esté por venir sea aún mejor.

155

Encuentra tu Wolfgat metafórico

Parte de lo que hace que el aumento de la aventura a medida que avanzas en la vida sea tan mágico es el compromiso y el esfuerzo necesarios para realizar tu proyecto X (¿recuerdas este concepto de una sesión anterior en la parte dedicada al trabajo?), superar las dificultades para expresar más de tu genio innato y mantenerte centrado en tu poderosa misión. Lo que en realidad intento decirte hoy es que hacer algo divertido y emocionante es mucho más maravilloso cuando es una recompensa por haber hecho algo difícil. Y cuando la escapada es el fruto de tu trabajo.

Mientras escribía diferentes partes de *El Club de las 5 de la mañana* me retiré a un pequeño pueblo pesquero llamado Paternoster, en la costa oeste de Sudáfrica. Esto dio inicio a una historia de amor con este lugar. Es extraordinario y sus habitantes son gente verdaderamente con los pies en la tierra. Lo que me lleva al Wolfgat, uno de mis restaurantes favoritos del mundo.

Esta joya de veinte plazas está ubicada en una casa de campo, encaramada a un acantilado sobre una árida playa de Paternoster. Suena música elegante mientras rompen las olas, y ofrece una comida tan especial que este lugar apartado de las rutas turísticas recibió la calificación de mejor restaurante del planeta.

El chef Kobus van der Merwe es un líder mundial en la búsqueda de alimentos silvestres (la mayoría de los ingredientes de sus platos proceden de su entorno cercano, y su cocina está repleta de plantas autóctonas) y un gran maestro en la elaboración de platos sencillos pero exquisitos a base de alimentos de origen silvestre. Lo han descrito como «un auténtico hombre del Renacimiento: médico, botánico, chef y poeta».

Ayer Elle y yo comimos allí. La experiencia fue emocionante, sensacional y absolutamente inolvidable. No pude borrar la sonrisa de mi rostro durante la primera hora. En serio.

Después de semanas y semanas trabajando en esta parte del libro (y de sentirme creativamente cansado y espiritualmente vacío), me tomé un tiempo para viajar a este oasis que me brinda tanta alegría, sanación y serenidad.

Lo único que digo es que la vida tiene una extraña manera de pasar demasiado rápido. El dicho «Demasiado pronto viejo, demasiado tarde sabio» encierra una profunda verdad.

Encuentra los lugares de este amplio planeta que te hagan sentir el privilegio de estar vivo. Encuentra los espacios que hagan que tu corazón palpite y tu felicidad se dispare. Cuando trabajes, hazlo con devoción, y cuando juegues, hazlo con pasión. Encuentra tu Wolfgat metafórico. Y ve allí antes de que sea demasiado tarde.

LA OCTAVA FORMA DE RIQUEZA

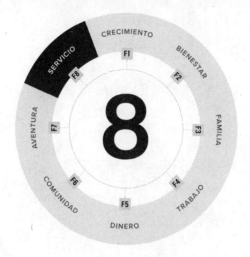

Servicio

*El hábito de que la vida es corta,
así que sé muy servicial*

Con suavidad puedes sacudir el mundo.
MAHATMA GANDHI

La octava forma de riqueza

Servicio / Breve resumen

Olvídate de la pegatina que dice: «El que muere con más juguetes gana». No podrás llevarte tus cosas cuando te vayas, así que disfrútalas, pero no definas quién eres ni midas tu éxito por tus posesiones. Como ahora sabes bien, las cosas materiales son pasajeras. Vienen y van. Confía en que tu crecimiento personal, tu buena salud, tu sólida vida familiar, tu maestría en el trabajo, tu rica red social y tus espléndidas aventuras son los nuevos símbolos de un estilo de vida lujoso de verdad.

Lo que me lleva a que seas tu yo más servicial. El servicio a los demás es una moneda extraordinariamente valiosa. Ser bueno con los que te rodean te convierte en una persona rica. No es una creencia popular, pero así es. Tu aportación importa. Tu utilidad cuenta. Tu impacto vale mucho.

Pocas virtudes te proporcionarán tanta realización personal y paz interior como tener un impacto positivo en mucha gente. «Vivir en los corazones que dejamos atrás no es morir», escribió el poeta Thomas Campbell.

Mejorar vidas y marcar una diferencia clave son los hábitos de los héroes y el legado de las leyendas. Y una de las principales áreas que todo aquel que quiera llevar una vida más rica se esfuerza por mejorar en todo momento.

Insisto en que en ningún caso estoy diciendo que sea malo ganar dinero, crecer a nivel económico y tener cosas materiales maravillosas. Desde el principio me he esforzado mucho en sugerirte que para llevar una existencia magnífica es preciso mantener un equilibrio entre las ocho formas de riqueza. Muy bien. Dicho esto, tenemos que dar inicio a nuestro viaje juntos hacia la última forma de riqueza: el servicio. Así que empecemos.

156

Encuentra una causa más grande que tú

El psicólogo Abraham Maslow es famoso por su jerarquía de las necesidades humanas. Por si no lo has visto, el esquema parece una pirámide. En la base están las necesidades más básicas de los seres humanos, que él llama «necesidades fisiológicas» (como comida y refugio). Maslow dijo que, una vez satisfechas, podemos ir ascendiendo para satisfacer los siguientes niveles: nuestras necesidades de «seguridad» (seguridad personal, trabajo, salud y prosperidad), después nuestras necesidades de «amor y pertenencia», y a continuación las necesidades de «estima», que tienen que ver con el respeto por uno mismo y el deseo de reconocimiento y estatus.

En la cima del popular esquema está la «autorrealización». La idea es que cuando ya hemos satisfecho todas las necesidades inferiores, adquirimos la fuerza, la seguridad y la armadura personal para llevar a cabo la elevada e importante labor de convertirnos en lo que estamos destinados a ser. Para hacer realidad nuestro potencial. Para vivir nuestros dones. Para materializar nuestro talento primordial.

Lo fascinante es que, justo antes de morir, Maslow decidió añadir otro nivel por encima de la autorrealización, en la cima de la pirámide. Lo llamó «autotrascendencia».

En otras palabras, después de haber vivido una vida plena se dio cuenta de que el mayor anhelo de todos los que habitamos el planeta es existir por algo más grande que nosotros. Por una misión que trascienda nuestras necesidades egocéntricas.

Por una llamada que deje a todos los que conocemos mejor que cuando los encontramos, y por una causa que suponga algún tipo de aportación. Sí, como seres humanos estamos programados para servir. Y al hacerlo, por poco que sea, nos iluminamos y ofrecemos luz al mundo.

Demasiados de nosotros no reflexionamos sobre nuestra meta principal y nuestro objetivo fundamental hasta que ha pasado demasiado tiempo para hacer algo al respecto. Mi sincera esperanza es que nunca permitas que esto te suceda.

157

Da prioridad a tu último día

«La vida solo puede entenderse hacia atrás, pero debe vivirse hacia delante», observó el filósofo Søren Kierkegaard. Qué gran verdad.

Solo cuando estamos cerca del final podemos atar cabos, detectar los patrones y sentir que todo lo que ha sucedido, incluso y sobre todo los acontecimientos difíciles, tenía un propósito espléndido. Y seguía una especie de plan maestro.

Todo ha sido terreno para que crecieras y te ha ayudado a aprender las lecciones que necesitabas para convertirte en lo que has tenido el privilegio de llegar a ser en esta vida.

¿A qué voy a animarte hoy? Da prioridad a tu último día.

Sí, este es mi deseo para ti, como tu mentor a distancia, infinitamente alentador y siempre entusiasta. Tómate un momento de tranquilidad y, a solas, piensa en el último día de tu vida. Imagina que estás en tu lecho de muerte. Mira los rostros de tus seres queridos. Suponiendo que hayas vivido de manera sincera, enérgica, valiente, feliz y rica de verdad, ¿qué dicen mientras celebran tu vida tan bien vivida?

Piensa en los logros que tendrías que haber conseguido y en las exploraciones que crees que tendrías que haber realizado para saber (mientras respiras por última vez) que has aplicado tus mejores talentos y promesas. Acercarte a tu muerte es una manera poderosa de centrarte en tus prioridades vitales. Y atender a lo esencial. Como escribió en cierta ocasión el escritor del siglo xviii Samuel Johnson: «Cuando una persona sabe que van a ahorcarla dentro de un mes, su mente se concentra de forma maravillosa».

Una confesión: cuando era joven solía leer necrológicas cada mañana. Esta rutina funcionaba muy bien para dedicar mis horas a las actividades más importantes. Pocas cosas aumentan tanto nuestro compromiso de despojarnos de lo trivial y dedicarnos a lo esencial como la amenaza de muerte. Lamento decirlo, pero debo hacerlo para serte útil.

De todas las necrológicas de vidas sabiamente vividas que leí, ni una decía: «Ha muerto mientras dormía rodeado de su abogado, su contable y su asesor de inversiones».

No. Todas las esquelas de un paseo humano por la Tierra realizado con optimismo y asombro, vitalidad e integridad, alegría y serenidad decían más o menos lo mismo:

> Ha muerto en paz a una edad muy avanzada, rodeado de compañeros de trabajo que lo respetaban, vecinos que lo apreciaban y familiares que lo adoraban. Y ha fallecido con una leve sonrisa en el rostro, sabiendo que ha vivido con autenticidad, valor, creatividad y bondad.

¿Puedo preguntarte ahora con vehemencia lo siguiente?: Si estas prioridades serán lo más importante cuando llegue el final, ¿por qué no tener el valor de convertirlas en tu principal objetivo ahora?

Memoriza los tres últimos deseos
de Alejandro Magno

Una famosa leyenda asegura que Alejandro Magno, en su lecho de muerte, reunió a sus generales y les contó sus tres últimos deseos. Eran los siguientes:

Que solo los mejores médicos del mundo llevaran su ataúd.

Que esparcieran la enorme riqueza económica que había acumulado a lo largo de su vida (oro, piedras preciosas y adornos) durante la procesión hacia el cementerio.

Que sus manos colgaran fuera del ataúd para que todos los allí reunidos las vieran.

Uno de sus principales generales le pidió que explicara el motivo de estas tres instrucciones. Así respondió el venerado gobernante:

En primer lugar, dijo que quería que los mejores médicos llevaran el ataúd para que todos los testigos, y la población en general, entendieran que ni siquiera la mejor medicina disponible podía evitar la muerte de un ser humano.

En segundo lugar, quería que cubrieran las calles con su oro y otros objetos de valor económico para que todos los presentes entendieran que el dinero que hemos obtenido en la Tierra se queda en la Tierra después de nuestra muerte.

Y por último dijo que quería que sus manos colgaran fuera del ataúd para que sus seguidores supieran, y nunca olvidaran, que nacemos sin nada y morimos con las manos vacías.

Memoricemos los tres últimos deseos de Alejandro Magno y después apliquémoslos cuanto antes a nuestra vida para experimentar de inmediato la riqueza que el dinero no puede comprar.

159

Lidera sin cargo

Un mensaje breve. Durante casi treinta años he viajado por todo el planeta (de Londres a Lagos, de Nueva York a Nairobi, de Dubái a Durban y de Helsinki a Hong Kong) para impartir conferencias en torno a la idea de que, vivas donde vivas y hagas lo que hagas, puedes, si así lo deseas, comportarte como un líder. Porque el liderazgo es simplemente lo contrario del victimismo. Y las personas que actúan como víctimas (quejándose, buscando culpables y esperando que la situación mejore en lugar de ejercer su poder natural para mejorarla) jamás tienen un impacto positivo.

«Todo el mundo puede ser grande porque todo el mundo puede servir. No es necesario tener un título universitario para servir. No es necesario que el sujeto y el verbo concuerden para servir. Solo se necesita un corazón lleno de gracia. Un alma generada por el amor», dijo Martin Luther King, uno de mis héroes.

Así que sigue adelante. Lidera en el trabajo aunque no tengas un puesto formal o un cargo importante. Lidera en casa animando, apoyando y valorando a tu familia (y siendo una roca en las tormentas). Y lidera en tu comunidad comportándote de una manera que impulse a los demás a recordar lo que están destinados a ser.

160

Confía en el poder de no preocuparte

Puede parecer un consejo extraño, pero allá vamos: Preocúpate mucho, pero no demasiado. Esto es lo que yo diría. Y no me refiero a ser amable y tratar bien a los demás. Ahí sí debes preocuparte demasiado.

Hablo de proteger tu tranquilidad y trabajar con la realidad de manera que estés en el mundo, pero no atado al mundo. De hacer lo que puedas, pero sin aferrarte demasiado a lo que sucede, confiando en que el universo sabe lo que hace y que lo que sucede responde a una razón maravillosa, aunque ahora mismo no veas el hermoso beneficio. La vida se despliega no para que fracases, sino para que te vaya bien, ¿verdad?

Actúa así y te convertirás en una especie de maestro espiritual moderno. Saborea las grandes etapas de tu viaje y confía en que en las malas se van formando tu crecimiento, tu valentía y tu sabiduría. Una vez que hayas recibido las lecciones que tu yo más elevado necesitaba, todas las dificultades quedarán atrás. Y empezarán los mejores días.

El corazón es más sabio que la cabeza

Estamos en una batalla continua: entre nuestro yo egoico y nuestro yo heroico. Entre nuestro derecho innato a la libertad y la programación del miedo instalada de fábrica. Entre las instrucciones que nuestro buen corazón nos envía constantemente (aunque en voz baja) y las implacables sugerencias que nos ladra nuestra ruidosa mente.

Tu yo egoico no es tu verdadero yo. Es la parte de ti que se ha creado a medida que has avanzado por la vida y las influencias que te rodean te han dicho cómo pensar, qué decir y cómo vivir. Es la parte de ti que se ha formado a partir de las heridas que has sufrido, las decepciones que has soportado y los reveses que no has sabido convertir en fortalezas. Tu ego es tu lado oscuro. Es desconfiado, miedoso y a veces egoísta. Y trabaja casi a diario para sabotearte e impedir que seas tu mejor versión.

¿Tu yo heroico? Bueno, ese es tu verdadero yo. Es rico en imaginación, conocimiento, fuerza y amor. Sabe lo que debes hacer en toda situación para beneficio de todos los involucrados (no solo de ti), está convencido de tu grandeza innata y es más invencible de lo que nuestro pensamiento inferior jamás pueda imaginar. Y esta parte brillante de ti entiende que todos los deseos de tu corazón son los deseos de tu corazón porque están personalizados solo para ti, así que tienes la capacidad de hacerlos realidad.

Supongo que lo que quiero decir es que, aunque no sea

«normal» confiar en lo que te dice el corazón en esta era de las máquinas, deberías hacerlo. Es mucho más sabio que lo que te vende la razón. Sería bueno empezar a hacerle más caso.

162

No dejes que el mal día de otra persona arruine el tuyo

Te levantas temprano. Las calles están en silencio. El mundo es tuyo. Ya me entiendes.

Haces ejercicio para ponerte en marcha. Escuchas música y quizá te preparas un café o disfrutas de un té. Después escribes en tu diario sobre las cosas por las que estás agradecido para introducir mayor alegría en tu día y anotas unas líneas respecto de lo que vas a hacer en las próximas horas para acercarte a tu visión de cómo quieres que sean las cosas cuando llegue el final.

Tu rutina matutina te ha puesto de un humor espléndido. Piensas en positivo y te sientes muy fuerte y dispuesto a hacer que el día con el que has sido bendecido sea grandioso. Entonces te encuentras con otro ser humano.

Quizá está en tu casa. Alguien se ha despertado de mal humor y quiere invitarte a su negatividad. Quizá es una persona que va en el tren jugando a un videojuego a todo volumen. Quizá entras en una panadería a comprar unas galletas, saludas muy contento a la persona que está detrás del mostrador y ella te mira fijamente, te pregunta qué quieres y te lo da de forma brusca.

Verás, el hecho de que muchas personas parezcan estar de mal humor la mayor parte del tiempo no significa que debas permitir que arruinen el tuyo. No te conectes a su energía ni te dejes arrastrar a su órbita. Tienes el poder de proteger tu tranquilidad, honrar tus planes diarios y vivir la vida en tus términos (no como desearían los gruñones). Porque la desgracia ama tener compañía. Y los ladrones de sueños te quieren en su fiesta de lamentaciones.

163

Recita la tranquilizadora oración del «como yo»

Una vez escuché a la fascinante monja budista Pema Chödrön hablando de una oración que recita cuando una persona la molesta o le hace enfadar.

Se sienta en silencio y promete perdonar su mal comportamiento porque «es como yo».

No sé si he explicado con claridad su ejercicio y he hecho justicia a su sabiduría.

Lo que quiero decir es que ella encuentra serenidad en un momento de infelicidad dándose cuenta de que probablemente también ella hace lo que le molesta de otra persona.

Y esa conexión con nuestra común debilidad humana y nuestra imperfección le proporciona tranquilidad. Y consigue que se relaje y preste un mayor servicio a los demás.

Es muy fácil situarnos en la cima del juicio elevado y en la cúspide de la superioridad moral al ver a otra persona haciendo algo que consideramos incorrecto.

Pero si dedicamos más tiempo a la reflexión y a la toma de conciencia, a menudo nos damos cuenta de que nosotros hacemos lo mismo.

Quizá el mal comportamiento de uno de nuestros hermanos y hermanas en este pequeño planeta nos parezca diferente del nuestro, pero la idea principal es que con frecuencia también nosotros somos culpables de los actos que consideramos tan molestos.

Así las cosas, da un poco de margen al que actúa mal. Quién sabe lo que ha vivido y por lo que está pasando. Y después sé amable contigo mismo. Tú también has pasado por mucho.

Al recitar la oración perdonando a los demás porque son «como yo», nos relajamos. Respiramos. Nos asentamos. Nos abrimos.

Y entonces llegamos a la paz interior y la positividad exterior que nos ayudan a ser más útiles para los demás.

164

La soledad como nuevo símbolo de estatus

El célebre sabio Paramahansa Yogananda dijo estas palabras: «La reclusión es el precio de la grandeza». Me encantan.

A veces nuestro ego y nuestras inseguridades, miedos y frustraciones gritan tan fuerte que no oímos lo que nos dice el alma.

Dedicar tiempo a la soledad es un acto sagrado. Estar solo y en silencio es un gesto divino. ¿Por qué? Porque en el silencio empezarás a reconectar con tu verdadero yo. El que es sincero cuando los demás mienten. El que es valiente cuando los demás retroceden. El que es excelente cuando los demás avanzan por inercia. El que es cariñoso cuando los demás son desagradables.

Sí, mi amigo especial (voy a echar de menos ser tu mentor en estas páginas), ve a lugares apartados con mucha más frecuencia. Una vez allí, piensa qué tipo de vida deseas construir. Reflexiona sobre qué valores quieres representar. Y ora pidiendo fuerza para vivir el resto de tus días inspirando, alentando y enriqueciendo la vida de las personas que te rodean.

Ah, una última cosa: no puedes hacer tu parte para llevar el mundo a un lugar más luminoso si siempre estás en él.

Aplica siempre el lema de la amabilidad

El escritor y filósofo León Tolstói (pronto te contaré uno de mis relatos favoritos de él) observó que «Nada puede hacer que nuestra vida y la de los demás sea más hermosa que la amabilidad perpetua».

¿Quieres eliminar tus preocupaciones y disolver todos los problemas? Piérdete eliminando las preocupaciones y disolviendo los problemas de los demás. Reparte amabilidad dondequiera que vayas.

Una de las cosas de las que más se arrepienten las personas al final de su vida es no haber tratado a sus familiares, amigos, compañeros de trabajo y desconocidos con más amabilidad, delicadeza y generosidad.

Con veintitantos años tuve la suerte de contar con un mentor que me enseñó mucho sobre lo que constituye una vida rica. Tenía unos modales impecables y era un ejemplo de excelencia y un modelo de profunda humildad.

En nuestro último encuentro antes de que esta persona extraordinaria falleciera le pedí consejo sobre lo más importante para llevar una vida plena, y me contestó: «Sé amable. Robin, sé amable siempre».

Nunca he olvidado las sabias palabras de mi mentor. Rezo para que tú también las recuerdes.

166

Hacer el bien nunca es malo

Hace poco estuve en una zona muy pobre del planeta. Me duele ver a personas pasándolo mal. En cualquier caso, mientras me dirigía al centro de la ciudad me encontré con un par de adolescentes junto a un puente.

—Señor, cómpreme una bebida, por favor —me dijo el más alto.

Seguí caminando, pero de repente me detuve. Me di la vuelta y me dirigí a los chicos.

—¿Qué quieres decir con una bebida? —pregunté—. No me pides alcohol, ¿verdad?

—No, señor, solo algo de beber. O algo de comida. Por favor.

—Ven conmigo —le contesté—. Vamos a la tienda.

Y el chico alto y yo nos dirigimos a la tienda de comestibles. Durante la caminata de quince minutos hacia nuestro destino le pregunté por su familia, sus sueños y sus preocupaciones.

Ya en la tienda, se detuvo en la entrada. Creo que le preocupaba que no lo dejaran entrar porque tenía la ropa hecha jirones y los zapatos rotos.

—Entra conmigo —le pedí en tono amable.

El chico me siguió con gesto inseguro.

—¿Te gusta el pollo? —le pregunté.

Él asintió.

—Mucho. —Y después murmuró—: Hoy es mi día de suerte.

—Cinco contramuslos de pollo a la barbacoa, cinco muslos y cinco ensaladas grandes, por favor —le pedí a la mujer que estaba detrás del mostrador con una redecilla en el pelo y gafas con gruesos cristales que hacían que sus ojos parecieran más grandes de lo que eran.

Cuando dejó las cajas en el mostrador, se las entregué al chico alto, que esbozó una sonrisa enorme.

—Gracias. —Y probó suerte, como deberían hacer todos los jóvenes—. ¿Puede comprarme un refresco?

—No —le contesté—. Te compraré algo saludable.

Para su consternación, cogí varias botellas de zumo de naranja fresco y un tetrabrik de agua, y nos dirigimos a la caja.

Cuando hube pagado, el chico cogió también las bebidas y salimos al sol de la mañana.

—Buena suerte con todo. —Fue lo único que se me ocurrió decirle.

—Gracias —me contestó mientras se alejaba con paso ligero.

Al rato me encontré en la calle con un amigo que vive en la ciudad. Le pregunté si había hecho lo correcto, porque no conocía su cultura y quería saber cómo funcionaban las cosas.

—Lo has hecho bien, pero ahora te pedirán comida cada vez que pases. Ahora eres un blanco fácil —me contestó dando un sorbo a su café para llevar.

Fui a comer y después me dispuse a volver al lugar donde me alojaba. Al pasar por un campo cubierto de hierba, vi al chico. Estaba jugando al fútbol con sus amigos y riéndose a carcajadas.

Al verme me gritó:

—¡Señor, gracias! Gracias por la comida. Y por el zumo. Gracias. ¡Hoy ha sido mi día de suerte! ¡Y mis compañeros también se han alegrado mucho!

No me pidió más. No me presionó. No me vio como un blanco fácil.

Era solo un ser humano que daba las gracias por un pequeño gesto de una persona a quien le importaba.

Verás, no soy un gurú, y sin duda no soy una persona especial, pero te diré una cosa: Hacer el bien nunca es malo.

En todos estos años de mi vida, a veces dura, casi todas las personas que he conocido han sido intrínsecamente buenas. Las personas tienen días malos (o décadas malas), por supuesto, y todos tenemos debilidades (y heridas) en las que debemos trabajar, pero casi todo el mundo tiene buen corazón y quiere hacerlo bien.

Así que cada vez que se te presente la ocasión de hacer el bien, aprovéchala. Puede que no vuelvas a tener la oportunidad. Y ayudar a una persona que lo necesita no es solo un regalo que le haces. Es un regalo que te haces a ti mismo.

Reflexiona sobre la ley
de los soberanos perdidos

Te invito a reflexionar sobre una ley consagrada: en la actualidad no recordamos a la mayoría de los reyes, reinas, presidentes, primeros ministros, emperadores, grandes guerreros y líderes icónicos de la historia. Fueron los titanes de su tiempo. Las celebridades de su época, a las que las masas trataban como a dioses y millones de personas reverenciaban. Pero eran mortales y dieron de comer a los gusanos.

Hoy, tú y yo no conocemos al noventa y nueve por ciento de ellos. Solo recordamos a algunos de los que de verdad fueron monumentales. ¿Los demás? Anónimos. Olvidados. Bastante irrelevantes. Es casi como si nunca hubieran vivido.

Nos da perspectiva, ¿verdad? Aunque alcancemos la cima del éxito como lo define nuestra cultura, es muy probable que, aparte de que nos escriban una larga esquela y que nuestros familiares y amigos estén presentes en nuestro funeral, nadie piense en nosotros siquiera unos meses después de haber fallecido.

Ante esta realidad, tu labor está clara: vive tu vida. Ten tus sueños. Corre tu carrera. Deja de vivir de una manera diseñada para encajar, tranquilizar a todos y evitar que la manada te rechace (lo que casi siempre te lleva por mal camino). Nadie recuerda a la mayoría de esos héroes de la historia, así que ¿por qué tomarte tan en serio la necesidad de desfilar con la mayoría y renunciar a tener la vida que desea la parte más sabia de ti?

Recuerda que solo necesitas dos metros

Hace años solía hablar del relato de León Tolstói «¿Cuánta tierra necesita un hombre?» en mis conferencias sobre liderazgo. En él, una persona muy codiciosa se obsesiona por adquirir cada vez más tierras en el lugar donde vive, hasta el punto de que decide mudarse para poder poseer aún más.

Le hablan de una región lejana donde la tierra es muy fértil y de excelente calidad. Viaja allí con regalos para los gobernantes y encanta al jefe. En la reunión con ellos, el hombre les explica que quiere la mayor cantidad de tierra posible. El jefe le dice que puede tener tanto terreno como pueda recorrer a pie en un solo día.

Al hombre codicioso le parece un trato un poco raro, pero acepta la oferta.

El jefe le pone una sola condición: debe volver al punto de partida antes de la puesta del sol, de lo contrario perderá todo el terreno recorrido durante el día.

El hombre acepta y empieza a caminar a primera hora de la mañana del día siguiente. Camina deprisa pero, en su avaricia, acelera el paso para poder reclamar aún más tierras. Al mediodía empieza a correr para poder tener aún más propiedades. Al final de la tarde ya está corriendo a toda velocidad. En cuanto el sol empieza a estar bajo en el cielo, el hombre se preocupa y teme no poder regresar al punto de partida antes de la puesta de sol. Y perder todo lo que ha ganado.

Empieza a correr hacia el lugar de donde partió, cada vez

más rápido, mientras el sol sigue descendiendo. Pronto se queda sin aliento y se da cuenta de que en su ansia ha recorrido demasiado terreno, pero se niega a darse por vencido.

Cuando el sol está a punto de desaparecer en el horizonte, el hombre ve al jefe y a sus líderes en una colina saludándolo y gritándole que avance más deprisa. Así lo hace, y al final llega al punto de partida. El jefe está encantado con su hazaña. Había acumulado una enorme cantidad de tierra fértil. ¡Fantástico!

Pero al hombre le salía sangre por la boca. Había dejado de respirar y tenía los ojos cerrados.

Entonces cavaron una tumba para el cuerpo. Dos metros, de la cabeza a los pies, era todo el terreno que el hombre realmente necesitaba.

¿Lo que quiero decir? Ayudar es más valioso que adquirir. Dar es más satisfactorio que recibir. Y ser útil es más satisfactorio que acumular. Una de las cosas que he observado en la vida de las almas más grandes de la historia es que todas y cada una de ellas habían alcanzado un nivel de conciencia tan alto que su dedicación a servir estaba muy por encima del deseo de posesiones.

En un viaje fui a la misión de la madre Teresa de Calcuta y, después de pasar por varias habitaciones, me llevaron al lugar donde ella dormía cada noche. Era sorprendente las pocas cosas que poseía esta mujer venerada por el mundo y benéfica para millones de personas. Un minimalismo total. Solo una cama austera, un escritorio espartano y poco más. Un dormitorio vacío. Un corazón rico. Un buen espíritu.

Mahatma Gandhi, otro maestro del estilo de vida ascético, solo tenía seis pertenencias en su lecho de muerte, entre ellas sus gafas con montura de acero, un cuenco, un plato, unas sandalias y su fiel reloj de bolsillo. Las posesiones materiales no le atraían. A través de la meditación, la oración, el ayuno y el trabajo por la libertad de sus conciudadanos, había llegado a un estado en el que su llamada a servir le producía mucha más satisfacción de la que podría haberle proporcionado jamás exhibir un coche llamativo, llevar un reloj caro y ser propietario de una casa en un barrio elegante.

De nuevo, haz lo que sea mejor para ti. Es lo que más deseo. Pero también debes saber que la verdadera felicidad, la tranquilidad y la libertad personal duradera proceden de ser una bendición para los demás y hacer cosas buenas mientras recorres el camino de la vida. Y que algún día, en un futuro que espero que sea muy lejano, lo único que necesitarás serán dos metros de tierra.

169

Inicia una revolución del amor

Si estás de buen humor, listo para escucharme y dispuesto a hacer algo que creo que elevará tu sensación de vivir con un propósito apasionado, te pido un favor: inicia un movimiento por el amor. Sí, un movimiento. Da el primer paso.

La marcha de la sal de Mahatma Gandhi, que creció hasta convertirse en un levantamiento de millones de personas que desempeñó un papel importantísimo en la liberación no violenta de su nación de la dominación extranjera, empezó con él dando un paso. Solo. Se unió una segunda persona, después varias más, después decenas de hermanos y hermanas de su país, después miles y al final todo el mundo se involucró en su sueño, que en un principio era una locura.

Rosa Parks se negó a ir a la parte trasera del autobús público, designada para personas de piel más oscura durante los tristes días de la segregación racial. El conductor le dijo a la costurera que la denunciaría si no seguía las instrucciones. «Hazlo», le contestó ella en tono tranquilo y con profunda dignidad. Su rebeldía dio lugar a un boicot a los autobuses, que desembocó en marchas y protestas que desencadenaron el movimiento por los derechos civiles en Estados Unidos.

Quiero que empieces tu revolución. ¡Sí, lo quiero! Una revolución basada en el amor. (El virtuoso guitarrista Jimi Hendrix dijo: «Cuando el poder del amor supere el amor al poder, el mundo conocerá la paz»). Y en cuanto a recordar a los demás que sean más atentos, respetuosos, educados, alegres e infinitamente indulgentes, empieza poco a poco. Avanza dando pequeños pasos. Haz algún gesto simbólico para atraer a más seguidores. Y no te detengas hasta haber cumplido tu misión de cambiar el mundo.

170

El buen camino es el mejor

Esta mañana me han pasado un vídeo corto en el que el *influencer* gritaba: «Ponte a ti mismo en primer lugar o serás un perdedor del que se aprovecharán».

Ayer oí decir a un destacado experto que medía su éxito por la cantidad de personas que asistirían a su funeral.

La semana pasada oí a un líder hablando sobre la naturaleza del poder mundano y los pasos a seguir para arrebatárselo a los demás, manipular a las personas con las que tratas y alcanzar la cima de tenerlo todo.

Mira, y me gustaría ser claro, lo mejor de la vida humana es que cada uno tenemos nuestras opiniones. Y respeto mucho el derecho a la libertad de expresión.

Pero veo el universo de manera muy diferente a muchos otros. Supongo que tú también. Por eso estamos en sintonía, ¿verdad?

Y quiero añadir mis puntos de vista a la conversación para que puedas considerarlos, alcanzar tus propias conclusiones y encontrar la verdad que mejor se adapte a ti.

Así que allá voy…

Un ser humano fuerte y sabio es aquel que se preocupa por el bienestar de los demás. No seas un felpudo, por supuesto. Si permites que se aprovechen de ti, sin duda algunos lo harán. Es evidente, así que no seas ingenuo, por favor. Pero no creo que dedicarte solo a ti mismo te brinde el honor, la felicidad y la sensación de serenidad que sé que buscas. Si eres bueno y alguien te quita algo, tú eres el vencedor, no él. Porque tienes que ser bueno.

Y…

¿Por qué importa cuántas personas asistan a tu funeral? Estarás muerto. ¿Qué pasa si nadie aparece en el mío? ¿A quién le importa? ¿Por qué es una medida del éxito? Supongo que Vincent van Gogh murió solo. ¿Eso convierte su vida en un fracaso? No, fue extraordinaria. Para mí este hombre fue un héroe. ¿Qué pasa con el jardinero o el sepulturero que vive tranquilamente y con intensa integridad, hace su trabajo con dignidad (y vive con civismo, sabiduría, compasión y honor) y deja la Tierra con solo unos pocos en su funeral? Para mí son ganadores. Campeones absolutos.

Y…

¿Por qué ser poderoso significa con demasiada frecuencia pisar a los demás para ascender? ¿No es eso duro para tu corazón y pésimo para tu alma? ¿Es cosa mía o sientes lo mismo? ¿Ser de verdad poderoso no consiste en elevar a otras personas en lugar de derribarlas? ¿Y en ayudar a los demás a reconocer sus talentos en lugar de publicar a gritos los tuyos? ¿Y en ser una luz brillante en este planeta con demasiadas sombras?

No creo que consigas todo lo que deseas siguiendo los consejos que dan esos gurús bien intencionados. Te sugiero que te sumes a estas verdades no tan normales:

- Cuidar es genial.
- La educación está de moda.
- La fiabilidad es lo más.
- La humildad es una pasada.
- La frugalidad es sexy.
- La paciencia es potente.
- El altruismo es sensacional.

Terminaré con una preciosa historia sobre la importancia de tomar siempre el camino correcto hacia una vida excelente, alegre y rica de verdad.

El deportista español Iván Fernández Anaya iba en segunda posición en una carrera de cross en la región de Navarra, en el norte de España, en 2012.

En cabeza iba el corredor Abel Mutai, que había ganado la medalla de bronce en los Juegos Olímpicos de Londres. De repente, Mutai, que sin duda iba a ganar, se detuvo a diez metros de la meta creyendo por error que había cruzado la línea.

En lugar de adelantarlo y hacerse con la victoria, Iván Fernández se detuvo y animó a su confundido rival a seguir corriendo para recibir su merecido premio.

«Yo no merecía ganar —observó el deportista español de veinticuatro años—. Él era el legítimo ganador. Me llevaba tanta distancia que no habría podido alcanzarlo si no hubiera cometido un error».

Es un placer presenciar este talante y este altruismo. Es mágico.

Celebremos el buen camino y dirijámonos siempre hacia él.

171

Come hoy tu última cena

Para darle más sentido a tus días te recomiendo que describas tu última cena. Y después vayas a comértela.

Este fin de semana, Elle y yo estuvimos en Roma. Cuando estoy de viaje, prefiero hacer una comida maravillosa y después cenar poco o nada. Esto hace que el día sea divertido y la noche saludable y tranquila (para facilitar el sueño profundo). Este sistema también me permite levantarme temprano para orar, meditar, hacer ejercicio, escribir en el diario y leer, lo que prácticamente me garantiza que el día siguiente será otro buen día, ya me entiendes.

Invitamos a dos amigos a comer con nosotros en uno de mis restaurantes favoritos. Está cerca de Campo de' Fiori, una plaza donde el legendario pensador del siglo xvi Giordano Bruno fue quemado vivo por difundir ideas revolucionarias. Pero esta es otra historia que me guardo para contarte si algún día nos vemos en persona (me gustaría).

Todos comimos los platitos de delicias romanas. ¡Ay, esa burrata! Es un queso italiano de leche de vaca elaborado con nata y mozzarella. Contiene stracciatella, que es un bocado de cielo cremoso, pegajoso y de textura maravillosa. Divino y excepcionalmente sencillo.

En mitad de lo que acabaría convirtiéndose en una comida de cuatro horas llena de risas, conversaciones profundas y charlas ligeras, pregunté a mis acompañantes: «¿Qué comeríais en vuestra última comida?». Pensé que era una pregunta interesante para estimular una conversación fascinante.

Mi amigo, que es un famoso DJ, tomó la palabra de inmediato y habló de su pasta favorita, de la carne asada a la parrilla y las guarniciones de las que sin duda disfrutaría.

Cada uno contó su elección. Cubrimos una amplia gama de alimentos. Cuando llegó mi turno, reconocí que comería antes el postre (queso ricotta fresco con un chorrito de miel, por favor).

«¿Adónde pretendes llegar con esta anécdota, Robin?», quizá preguntes a tu entregado mentor, que ya va teniendo una edad.

«Muy fácil —te respondería con amabilidad—. Cuanto más recuerdes la brevedad de la vida y reconectes con tu mortalidad (en una cultura en la que siempre estamos ocupados), más poder tendrás para rechazar toda invitación que no te acerque a donde quieres estar en el ocaso de tu vida. Y más fuerza tendrás para elegir solo las hazañas fundamentales y las oportunidades clave que te llevarán a un lugar increíble».

Puedes empezar describiendo tu última comida. Y después disfruta de ella. Esta noche.

Haz tres buenas acciones anónimas

Hoy, sal a nuestro mundo hastiado, lleno de crisis y con demasiada frecuencia egoísta, y lleva a cabo tres acciones sencillas pero hermosas de humanidad por tres personas que ni siquiera sabrán que has sido tú (la generosidad anónima es la única que significa algo). Ana Frank escribió en su diario: «Nadie se ha vuelto pobre por dar». Y el escritor Neil Gaiman dijo: «Espero que sueñes peligrosa y escandalosamente, que hagas algo que antes no existía y que siempre seas amable».

No sé qué tres buenas acciones te llamarán más la atención y a cuáles dedicarás tiempo hoy. Lo que sí sé es que la bondad tiene un efecto dominó y hace que sus receptores se preocupen más por los demás a medida que avanzan en la vida. Sí, puedes mejorar el mundo. Persona a persona.

Hace poco mantuve una conversación en un hotel de Barcelona con un portero muy sonriente llamado Alberto. Le comenté que, por su habitual positividad, si dejaba a cien clientes y visitantes al día mejor de lo que los había encontrado, en cinco días habría influenciado y elevado a quinientos seres humanos. Seguí diciéndole: «Alberto, son dos mil personas al mes y veinticuatro mil al año». Él guardó silencio y miró al cielo.

No me detuve y añadí: «En diez años, tu bondad y tu talante habrán tocado a casi un cuarto de millón de personas». Los grandes ojos azules de Alberto empezaron a llenarse de lágrimas.

Allí mismo. Delante de mí. En esa elegante calle de Barcelona.

Piénsalo: ser bueno con solo tres personas al día significa que elevarás a noventa seres humanos en un mes, mil ochenta en un año, diez mil ochocientos en diez años y casi un millón de personas en una vida promedio (aunque espero que vivas mucho más).

Seguro que puedes marcar esta magnífica diferencia. En muchos sentidos, aunque no lo sepas, ya lo haces.

Importas mucho más de lo que crees

Ninguna persona viva ahora mismo, en este momento, es innecesaria. Cada uno de nosotros tiene talento, maravillas y poderes asombrosos en su interior. Todos importamos. Todos tenemos impacto en el mundo. Y sí, eso también te incluye a ti.

Nuestra sociedad coloca a multimillonarios, estrellas del deporte y celebridades en un pedestal. Muchos viajan en comitivas, reciben trato VIP y los reciben multitudes desbordantes de admiradores que buscan selfies donde quiera que vayan. Pero ¿qué me dices del padre o la madre que cría a sus hijos solo, que tiene tres trabajos para llevar comida a la mesa e incluso, entre tantos esfuerzos, mantiene una sonrisa en el rostro y es siempre un gran ejemplo para sus hijos?

¿O qué decir del bibliotecario, el maestro, el enfermero de una residencia de ancianos o el barrendero que trabaja en silencio, en beneficio de muchos, que no recibe fama, fortuna ni aplausos, pero influye en la vida de las personas?

¿No deberíamos poner sus nombres en carteles con luces, pedirles autógrafos, celebrar sus esfuerzos y erigir imponentes monumentos para agradecer su compromiso?

Lo único que digo es que vivimos en una época que venera sobre todo las cosas equivocadas.

Y eso me lleva de nuevo a ti. No sé en qué punto de tu vida te encuentras, si estás en la cima o en el valle, pero quiero recordarte que tienes magia dentro de ti, un potencial que debe hacerse realidad y una capacidad muy real para impactar en la humanidad de una manera grande y audaz. O quizá solo de una forma diminuta, que sin duda es igual de valiosa.

174

Celebra tu funeral en vida

Es un desperdicio que hablen de tus convicciones, tus logros y tu valor después de muerto.

Estarás a dos metros bajo tierra o serás un montón de cenizas en una urna encima de una chimenea, así que no podrás escuchar los homenajes.

¿La solución que te sugiero? Celebrar tu funeral en vida. Sí. No estoy bromeando. Un funeral en vida.

Programa una hora. Envía las invitaciones. Compra el pastel (mejor de chocolate). Podrías ponerle margaritas frescas (por extraño que te parezca).

Cuéntales a tus seres queridos tu experimento. Que quieres vivir como si estuvieras muriéndote. Que te entusiasma existir de manera más vívida, creativa y entusiasta, y que quieres celebrar este ritual para recordar que la vida pasa en un abrir y cerrar de ojos.

Hazles saber a tus seres queridos que quieres fingir que has muerto para recordar la vida en toda su frágil gloria y su delicado esplendor.

Después explícales que quieres reunir a las personas que más te importan para escuchar qué piensan que es lo mejor de ti. Para decirles lo que sientes por ellos. Para hablarles de las lecciones que has aprendido, las dificultades que has soportado y los triunfos de los que has disfrutado. Para hablar de amor y de lo mucho que significan para ti las personas reunidas, y para agradecerles a cada una de ellas las bendiciones que te han brindado.

Pienso en una historia que estudié mientras escribía *El monje que vendió su Ferrari*, hace muchos años. Había una vez un gran marajá que llevaba a cabo una práctica matutina de lo más curiosa: representaba su propio funeral completo, con música y flores. Y todo el tiempo cantaba: «He vivido de forma rica y apasionada, maravillosa y servicial».

Cuando le pregunté a mi querido padre por qué ese hombre repetía esta rutina cada amanecer, mi padre me contestó con una sabia sonrisa: «Muy fácil, Robin. Ese hombre ha desarrollado un ritual para recordarse a sí mismo al inicio de cada día que podría ser el último. El marajá ha creado ese método para conectar con su mortalidad. Y para recordar que ese día podría ser el último, y así vivirlo con plenitud y en sus propios términos».

Sí. Celebra tu funeral en vida. Podría ser el día de tu nuevo nacimiento.

Vive con plenitud para que puedas morir vacío

Voy a echarte de menos. Gracias por permitirme estar a tu servicio mientras creas una vida llena de riquezas reales y genuinas, una vida de la que estoy seguro de que estarás muy orgulloso al final.

Te escribo este último mensaje desde mi vieja casa de campo. Me siento muy agradecido por el tiempo que he pasado contigo. Esta mañana hace frío. Suena una dulce canción country. Los pájaros cantan y mis ojos cansados ven la niebla flotando sobre las colinas a lo lejos, más allá del olivar. Mi corazón me dice que te llegarán grandes regalos y que tu futuro será muy brillante. Felicidades. Te mereces lo mejor, mi amigo especial a distancia.

No te robaré mucho más tiempo. Espero que nuestro viaje juntos te haya dejado inspirado, enriquecido y absolutamente decidido a aplicar todo lo que con la máxima humildad te he ofrecido para que forme parte de tus días. Y se convierta en tu nueva forma de vida.

Sin embargo, lo que más deseo para ti puede decirse de una forma muy sencilla: Vive con plenitud para que puedas morir vacío.

Pienso en lo que George Bernard Shaw escribió en cierta ocasión:

> La verdadera alegría de la vida es que te utilicen para un propósito que tú mismo reconoces como poderoso. Ser una fuerza de la naturaleza en lugar de un zoquete lleno de acha-

ques y agravios, febril y egoísta, que se queja de que el mundo no se dedica a hacerle feliz. Quiero estar totalmente agotado cuando muera, porque cuanto más trabajo, más vivo. Gozo de la vida por sí misma. Para mí la vida no es una «vela breve». Es una especie de antorcha espléndida que de momento tengo en mis manos y quiero hacerla arder con la máxima intensidad posible antes de entregarla a las generaciones futuras.

Gracias de nuevo por pasar tiempo conmigo en la desordenada habitación en la que escribo, junto con mi perrita Super-Chum (que ahora mismo está a mi lado, esperando a que la saque a pasear), así como en mis viajes por este planeta hermoso, excepcional y que vale la pena salvar. Espero encontrarme contigo alguna vez, en algún lugar, para continuar nuestra conversación sobre la riqueza que el dinero no puede comprar.

Que te vaya genial, alma buena. Sigue creyendo en tus sueños y siendo tu mayor fan. Lo que te espera es maravilloso. Y no te preocupes… Aunque no esté a tu lado, estaré viéndote crecer, prosperar y experimentar tu vida más rica, como tu mentor a distancia.

Únete al movimiento

La riqueza que el dinero no puede comprar

Únete a otras personas que desarrollan su vida más rica y marcan la diferencia en el mundo haciendo una foto o un vídeo breve en el que aparezcas experimentando la riqueza que el dinero no puede comprar. Los mejores se publicarán en internet.

Puedes grabarte o fotografiarte...

- llevando a cabo tu rutina matutina;
- paseando por la naturaleza y disfrutando de su belleza;
- disfrutando de momentos especiales con tu familia;
- realizando una actividad que te apasiona y te inspira;
- superando un gran reto;
- disfrutando de una comida maravillosa;
- haciendo un gran trabajo;
- asumiendo un riesgo para vencer un miedo;
- viajando a un lugar que te encanta;
- marcando la diferencia con tu actitud positiva.

Para compartir tu vídeo o tu fotografía, acceder a excelentes recursos de aprendizaje (en inglés) y unirte al movimiento de personas como tú que quieren llevar una vida más plena, entra en thewealthmoneycantbuy.com.

ROBIN SHARMA,

respetado en todo el mundo por su labor humanitaria, lleva más de un cuarto de siglo ayudando a los seres humanos a materializar sus dones naturales. Se le considera uno de los máximos expertos en liderazgo y desarrollo personal, y tiene entre sus clientes a empresas como Nike, FedEx, Microsoft, Unilever, Expedia, GE, HP, Starbucks, Yale University, PwC, IBM Watson y YPO.

Sus best sellers, como *Manifiesto para los héroes de cada día*, *El Club de las 5 de la mañana*, *El monje que vendió su Ferrari*, *El líder que no tenía cargo* y *Éxito. Una guía extraordinaria*, han vendido millones de ejemplares en más de noventa idiomas y dialectos, lo que lo convierte en uno de los escritores vivos más leídos.

grijalbo_es
penguinlibros

«Para viajar lejos no hay mejor nave que un libro».

EMILY DICKINSON

Gracias por tu lectura de este libro.

En **penguinlibros.club** encontrarás las mejores
recomendaciones de lectura.

Únete a nuestra comunidad y viaja con nosotros.

penguinlibros.club